Francisco Javier Rodríguez Bermúdez

Donde Habita el Sentido

ALBOR
EDITORIAL

ISBN (versión impresa tapa blanda): 979-8-9992881-0-3

Diseño de portada: Pedro Viejo Diseño

Maquetación: Pedro Viejo Diseño

@coachfranrodriguez (Instagram)

Este libro es una obra de no ficción basada en reflexiones, experiencias y aprendizajes personales, cualquier similitud con hechos, situaciones o personas reales es mera coincidencia.

DONDE

FRAN RODRÍGUEZ

HABITA EL

UN VIAJE A LA ESENCIA DE LA VIDA Y DEL AUTOCONOCIMIENTO

SENTIDO

A mi hija.

*Aunque la distancia haya marcado nuestros días,
sigues siendo el latido más profundo de todo lo que soy.*

*Desde aquel día que nos despedimos, en la estación
de metro, he aprendido que el amor no necesita presencia
para mantenerse vivo y si alguna vez te pierdes, si el
mundo se vuelve confuso, abre estas páginas. Que cada
palabra te encuentre y te abrace como no he podido.*

*Y si alguna vez te toca andar por caminos que no
imaginaste recorrer, que estas líneas puedan servirte de
faro, cuando papá no esté cerca para guiarte.*

*Este libro guarda parte de mi alma, y ojalá que
cuando lo leas, si un día lo haces, encuentres en sus
páginas algo que te acompañe, te oriente, o simplemente
te recuerde cuánto te amo.*

FRANCISCO RODRÍGUEZ.

PRÓLOGO

Es para mí un motivo de inmenso orgullo y satisfacción escribir este prólogo. Se trata de una experiencia inédita, pues acompaño con mis palabras la obra de mi hijo, Francisco Javier, quien con su vida, más que con discursos, me ha dado lecciones silenciosas de integridad y autenticidad.

Como bien señaló Martin Heidegger, el ser humano es arrojado al mundo; yo agregaría que nuestra tarea consiste en analizarlo, interpretarlo, comprenderlo y transformarlo, evitando quedar atrapados en los moldes de pensamiento y de conducta que la sociedad impone y que, muchas veces, limitan nuestra libertad. En esta misma línea, recordemos a Jean Paul Sartre cuando afirmaba que el hombre, al nacer, no es nada: lo define su libertad. Somos libres de inventarnos, de construir nuestro destino y de dar sentido a nuestros valores. De lo único que no somos libres es, precisamente, de nuestra propia libertad.

Ortega y Gasset lo expresó con claridad: "yo soy yo y mi circunstancia". La realidad circundante es inseparable de lo que somos. En este contexto, el mensaje de este libro cobra especial relevancia. Mi hijo, con la humildad que le caracteriza, ofrece aquí un aporte que busca llenar un vacío histórico en el desarrollo psicosocial del ser humano, vacío que ha derivado en sociedades proclives al conflicto, a la incomprensión y, en ocasiones, a la destrucción mutua: homo homini lupus, "el hombre es el lobo del hombre".

Este texto invita a la familia y a la sociedad a criar y educar a nuevas generaciones en la interdependencia consciente con su entorno. Nos recuerda que, como decía Saint-Exupéry, "lo esencial es invisible a los ojos": lo verdaderamente importante radica en esa esencia interna que a menudo descuidamos. La falta de una sólida formación en valores y pensamiento crítico desemboca en hábitos acríticos, destinos errados y vidas desprovistas de sentido auténtico.

Ser uno mismo en un mundo que insiste en que seamos otra cosa es, sin duda, un logro extraordinario. Por ello, la educación —iniciada desde los primeros años y acompañada hasta la madurez— debe fomentar seres humanos críticos, empáticos, tolerantes, responsables, emocionalmente equilibrados y capaces de dialogar. Solo así podrán alcanzar una verdadera interdependencia, más allá de la simple independencia.

Este libro, aunque no pretende ser la única respuesta, representa un valioso aporte para romper cadenas del pasado y abrir caminos hacia un futuro en el que las personas se construyan como seres íntegros, conscientes de su responsabilidad con el entorno inmediato y con la sociedad. Nos recuerda que la vida es un fluir constante, que lo que hoy somos no será igual mañana, y que el conocimiento es siempre parcial e inacabado. No existen verdades absolutas ni respuestas definitivas; los extremos nunca favorecen.

Como padre, me honra profundamente presentar este trabajo de mi hijo. Más que un libro, es un testimonio de su compromiso con el ser humano y con la esperanza de un mundo más consciente, libre y humano.

DR. PHD. YBRAHIM RODRÍGUEZ

INTRODUCCIÓN

Vivimos en un mundo acelerado, donde las respuestas rápidas y las soluciones instantáneas parecen ser la norma. Nos enseñan a medir el éxito en base a logros externos, a seguir caminos trazados por otros y a buscar validación en lo que hacemos, en lugar de en lo que somos. Sin embargo, en algún punto del camino, todos nos enfrentamos a la misma pregunta: ¿Cuál es el verdadero sentido de la vida?

Este libro es una invitación a detenerte, respirar y mirar hacia adentro. No pretende darte respuestas absolutas, porque el sentido de la vida no es una fórmula universal, sino un viaje personal. A través de reflexiones, anécdotas y aprendizajes extraídos de la filosofía, la psicología y la experiencia, exploraremos los desafíos internos y externos que nos moldean.

En estas páginas, recorreremos juntos temas como la búsqueda de identidad, la importancia de las decisiones, el miedo al cambio, la necesidad de aprobación y el peso de nuestras creencias. Hablaremos sobre el éxito, el fracaso y las lecciones ocultas en cada uno. Descubriremos que, más allá de lo que nos enseñaron, la verdadera riqueza de la vida no está en llegar a un destino, sino en el camino mismo.

Si alguna vez te has sentido perdido, si has cuestionado lo que significa realmente vivir con propósito o si simplemente buscas una pausa en medio del caos para reflexionar sobre tu propia historia, este libro es para ti. Que este viaje te ayude a descubrir tu propia Ítaca y, sobre todo, a disfrutar cada paso del camino.

DESACELERA Y VIVE

¡A veces necesitamos de esos momentos, donde desaceleres un poco, donde pongas pausa a todas esas rutinas, preocupaciones, y "deberes" que una sociedad apresurada te exige tener día a día, stop! Para, respira, observa y disfruta del momento, solo eso, permítete volver a soñar, disfruta de una fruta, de un libro, simplemente de la naturaleza, aléjate de todas esas personas que te hacen daño y que no te dejan ser tú, vuelve a ser tu, encuentra ese yo interno que fuiste y que ahora está mucho más maduro, ten ese diálogo interno que te permita valorar lo que verdaderamente vale para ti en esta vida, escarba, escarba lo suficiente para que puedas encontrarte con ese yo interno que te respeta, te da valor, te llena de confianza y que te permite conectar con tus verdaderos propósitos de vida y no aquellos que una sociedad te demanda tener, reestablece esa configuración mental y no permitas que más nadie te haga daño porque tienes mucho, mucho aún, por el cual vivir! Restaurando...

PARTE I
EL VIAJE HACIA EL SENTIDO DE LA VIDA
(AUTOCONOCIMIENTO Y PROPÓSITO)

CAPÍTULO I:

¿QUIÉN SOY? LA PREGUNTA QUE LO CAMBIA TODO.

EL REFLEJO EN EL ESPEJO

¿Alguna vez te han preguntado quién eres? ¿Qué respuesta has dado? ¿O acaso tú mismo te has detenido a reflexionar sobre tu verdadera identidad?

En la búsqueda por entender quiénes somos, exploramos nuestra esencia, nuestra personalidad y aquello que nos hace auténticos. Sin embargo, muchas veces pedimos que los demás crean en nosotros cuando, en realidad, ni siquiera nosotros mismos lo hacemos.

Nos rodeamos de personas que nos validan o nos retan, pero ¿qué pasa cuando nos enfrentamos a nuestro propio reflejo? Creer en nosotros mismos no es un acto automático; es una construcción constante, moldeada por nuestras experiencias, nuestras decisiones y la percepción de quienes nos rodean.

EL IMPACTO DEL ENTORNO EN NUESTRA IDENTIDAD

Es muy común encontrar personas que, al alcanzar el éxito o enfrentarse a la adversidad, cambian su manera de ser. En el fútbol, por ejemplo, he visto jugadores que reciben una oportunidad única y, de repente, su personalidad se transforma. Algunos se vuelven arrogantes, otros se retraen, y unos pocos logran mantener su esencia intacta.

Dicen que, en los momentos críticos, sean de gloria o fracaso, emerge nuestro verdadero yo. Cuando la madurez no nos acompaña, solemos ocultar lo que realmente somos hasta que las circunstancias nos hacen mostrar nuestra verdadera identidad. ¿Quién eres cuando logras lo que tanto soñaste? ¿Sigues siendo la misma persona cuando nadie te observa?

Para alcanzar cualquier meta, ya sea en el deporte, en la vida o en el ámbito personal, es esencial hacerse una pregunta que muchos evitan: **¿Quién soy?**

SOY QUIEN SOY CUANDO NADIE ME VE

La identidad no se define por lo que mostramos a los demás, sino por lo que somos en la soledad. Actuar de una forma cuando hay público y de otra cuando estamos solos revela contradicciones en nuestra esencia.

El psicólogo William James hablaba de que, cuando interactuamos con alguien, en realidad existen seis versiones de nosotros:

1. Quienes creemos ser.
2. Quienes la otra persona cree que somos.
3. Quienes realmente somos.

Esta fragmentación de la identidad nos hace reflexionar: ¿Estamos viviendo fieles a nosotros mismos o adaptándonos a lo que otros esperan?

UN EJERCICIO DE AUTOCONOCIMIENTO

En una ocasión, trabajando con uno de los equipos profesionales que trabaje en sudamérica, realizamos una actividad reveladora. Tras un largo viaje en autobús, reuní a jugadores en un círculo y les pedí escribir en papeles separados seis cualidades propias y, en otros, tres defectos personales junto con tres defectos que habían notado en sus compañeras.

Los defectos se lanzaron al centro y, tras mezclarlos, cada jugadora tomó seis y los entregó a quienes consideraba que los representaban. El impacto fue inmediato. Las expresiones de sorpresa y desconcierto eran evidentes al verse reflejadas en los ojos de los demás.

Luego repetimos el ejercicio con las virtudes, y la reacción fue completamente distinta. Algunas jugadoras derramaron lágrimas al descubrir que sus compañeras veían en ellas cualidades que nunca habían reconocido en sí mismas. **Lo que creemos ser no siempre coincide con lo que transmitimos.**

TU MARCA EN EL MUNDO

Jeff Bezos, fundador de Amazon, lo expresó con claridad:

> *"Tu marca es lo que otras personas dicen de ti cuando tú no estás en la habitación."*

No podemos controlar la percepción ajena, pero sí podemos construir un legado auténtico que nos define en base a nuestros valores y acciones. Lo que dejamos en la memoria de los demás no depende solo de nuestras palabras, sino de la coherencia entre lo que decimos, lo que hacemos y como ellos lo interpreten.

LA IDENTIDAD: UN VIAJE SIN DESTINO FINAL

La pregunta "¿Quién soy?" no tiene una única respuesta, porque nuestra identidad es un proceso en constante evolución. A medida que adquirimos nuevas experiencias, conocimientos y relaciones, nuestra esencia se redefine.

Definirnos no es un ejercicio estático, sino un viaje personal y único. Cuestionarnos, reflexionar y conocernos nos acerca a una versión más auténtica de nosotros mismos.

REFLEXIONES PARA EL CAMINO

Para tener una respuesta de esta pregunta fundamental, te dejo estas frases que pueden servirte como guía:

- **"Soy quien soy cuando nadie me ve."**
- **William James:** *"Existen tres versiones de cada persona: la que uno cree que es, la que los demás creen que es y la que realmente es."*
- **Jeff Bezos:** *"Tu marca es lo que otras personas dicen de ti cuando tú no estás en la habitación."*
- ¿Cómo te defines cuando nadie más te está observando?

- ¿Eres la misma persona en público y en privado?
- ¿Cómo influyen las opiniones de los demás en la imagen que tienes de ti mismo?

> *"La identidad no es un destino, es un viaje. La única manera de responder a la pregunta '¿Quién soy?' es atreviéndote a descubrirte cada día."*

CAPÍTULO II:

EL VIAJE INTERIOR
HACIA EL CAMBIO VERDADERO

En la travesía de la vida, solemos buscar soluciones externas a nuestras insatisfacciones: cambiamos de trabajo, de pareja, de ciudad o incluso de país, con la esperanza de encontrar la felicidad que parece escaparse de nuestras manos. Sin embargo, tras un tiempo, es común descubrir que, a pesar de las modificaciones en nuestro entorno, la sensación de vacío persiste. Esto se debe a que el cambio más significativo no es el que ocurre a nuestro alrededor, sino dentro de nosotros mismos.

La sociedad moderna nos bombardea con expectativas y estándares sobre lo que significa tener éxito y ser feliz. Nos insta a perseguir metas que, en muchas ocasiones, no son lo que queremos, creando creencias limitantes que nos encadenan a una vida que no sentimos como propia. Esta disonancia entre lo que realmente anhelamos y lo que creemos que deberíamos querer puede llevarnos a una profunda insatisfacción.

El escritor francés Antoine de Saint-Exupéry, en su obra "El Principito", nos dice que "lo esencial es invisible a los ojos". Esta frase subraya la importancia de valorar aquello que no es tangible: nuestras emociones, pensamientos y la paz interior. Cuando enfocamos nuestra atención en estos aspectos intangibles, comenzamos a encontrar un sentido más profundo a nuestra existencia.

El psicólogo Ramón Bayés, con más de seis décadas dedicadas a la investigación del alma humana, enfatiza la importancia de la introspección y la reflexión personal. En una entrevista, compartió: "Cada persona es un viaje, que el viaje sea único. Que la vida sea un viaje consciente. La vida es búsqueda, la vida es camino"

Sus palabras nos invitan a emprender un viaje interior, a explorar nuestras motivaciones y a cuestionar las creencias que hemos adoptado sin reflexión.

Bayés también destaca cómo, en ocasiones, una sola palabra o frase, escuchada en el momento preciso, puede generar una transformación profunda en nuestra percepción y actitud hacia la vida. Este "milagro" ocurre cuando estamos receptivos y permitimos que esas semillas de sabiduría germinen en nuestro interior, guiándonos hacia un cambio auténtico y duradero.

El verdadero cambio comienza cuando decidimos mirar hacia adentro, confrontar nuestras sombras y reconocer nuestras verdaderas necesidades y deseos. Este proceso requiere valentía, ya que implica despojarnos de las máscaras que hemos adoptado para encajar en las expectativas externas. Al hacerlo, nos liberamos de las cadenas invisibles que nos atan y comenzamos a vivir una vida más auténtica y plena.

Además, es fundamental entender que este viaje interior no es un destino final, sino un proceso continuo. A medida que crecemos y evolucionamos, nuestras percepciones y necesidades también cambian. Por lo tanto, la introspección y la autoevaluación deben ser prácticas constantes en nuestra vida, permitiéndonos adaptarnos y alinearnos con nuestro verdadero ser en cada etapa del camino.

Al priorizar lo esencial y emprender este viaje de autoconocimiento, descubrimos que la felicidad y la plenitud no dependen de factores externos, sino de la relación que cultivamos con nosotros mismos. Así, antes de buscar cambios en el mundo que nos rodea, es vital iniciar la transformación desde nuestro interior, sembrando semillas de autenticidad, amor propio y comprensión profunda.

En resumen, aunque las modificaciones externas pueden ofrecer alivios temporales, el cambio más significativo y duradero es aquel que se origina dentro de nosotros. Al embarcarnos en este viaje interior, no solo transformamos nuestra percepción de la vida, sino que también influimos positivamente en nuestro entorno, irradiando autenticidad y paz a quienes nos rodean.

El que compra lo superfluo pronto tendrá que vender lo necesario

Esa frase es profunda y refleja un concepto clave en la vida: la importancia de priorizar lo esencial sobre lo superficial. En el contexto de la superación personal, esta idea puede tener muchas interpretaciones.

Cuando alguien se enfoca en adquirir lo que no es realmente necesario o valioso, como las riquezas materiales sin fundamento o las aprobaciones externas, corre el riesgo de perder lo verdaderamente significativo en su vida: el tiempo, las relaciones profundas, el respeto hacia sí mismo, su salud mental y emocional. Es como si, en busca de lo que brilla, se olvidara de lo que realmente sustenta una vida plena y con propósito.

En un mundo donde el consumo y la apariencia parecen ser la meta, la verdadera riqueza radica en lo que no se ve, lo que está dentro de nosotros: nuestros valores, nuestra autenticidad, nuestras conexiones humanas y la paz interior. Esta frase resalta el peligro de perderse en lo superficial y olvidarse de lo que verdaderamente importa.

¿Qué cambios externos has intentado hacer en tu vida sin éxito? ¿Podría ser porque el verdadero cambio debía ocurrir dentro de ti?

Si eliminaras todas las expectativas externas, ¿qué cambios harías en tu vida hoy?

¿Cuándo fue la última vez que te sentaste en silencio contigo mismo sin distracciones?

"El cambio verdadero no ocurre en el mundo exterior, sino en el diálogo que tienes contigo mismo. Escúchate, cuestiónate y atrévete a transformar tu vida desde adentro."

¿Cómo estás invirtiendo tu energía? ¿En lo que es realmente importante para tu bienestar o en lo que los demás consideran valioso? Aprender a discernir entre lo que es esencial y lo que es solo apariencia es clave para alcanzar una vida plena y satisfactoria.

CAPÍTULO III:

EL VIAJE HACIA ÍTACA

Toda vida es un viaje, y cada uno tiene su propia Ítaca. No es solo un punto en el mapa ni un destino final, sino la promesa de un regreso, el anhelo de un propósito.

Odiseo tardó diez años en volver a su tierra, pero su verdadera Ítaca no era solo la isla que dejó atrás. Era la astucia que le permitió burlar a Polifemo, la paciencia con la que resistió los cantos de las sirenas, la fortaleza que lo sostuvo en las tormentas de Poseidón. Ítaca no era un lugar, sino todo lo que aprendió en el camino.

Así es la vida. Al principio, partimos con el corazón lleno de certezas, con mapas bien trazados y la ilusión de que el camino será recto. Pero pronto, las mareas nos desvían, los vientos nos empujan hacia islas que jamás imaginamos. A veces, nos sentimos como náufragos en nuestra propia historia. ¿Cuántas veces hemos creído que nuestra felicidad depende de llegar a algún lugar, solo para descubrir que el verdadero tesoro estaba en cada paso del trayecto?

Nos desviamos sin querer, naufragamos en mares inciertos, enfrentamos monstruos disfrazados de dudas y tentaciones que susurran promesas vacías. Nos enseñaron a creer que la felicidad se encuentra en la meta, en el logro, en el destino. Pero ¿cuántas veces hemos alcanzado lo que queríamos solo para descubrir que la verdadera riqueza estaba en todo lo que vivimos para llegar ahí? ¿Cuántas veces nos ha cambiado más el trayecto que la propia llegada?

Cada desvío nos enseña algo, cada tormenta nos fortalece, cada herida nos hace más sabios. Porque no es la llegada lo que nos define, sino la travesía.

Ítaca aguarda en el horizonte, pero su reloj no dicta nuestro destino. Quizá tardemos años en encontrarla, o tal vez descubramos que nunca existió fuera de nosotros.

"Cuando al fin llegamos, nos damos cuenta de que Ítaca nunca fue un punto en el mapa, sino todo lo que nos atrevimos a vivir. Entonces miramos al mar y entendemos: el viaje nunca termina, solo cambia de forma. Pero si el destino no es lo más importante, *¿dónde habita realmente el sentido de nuestra existencia?*"

CAPÍTULO IV

EL CAMINO ES EL SENTIDO

Desde hace mucho tiempo, el ser humano ha intentado descifrar el sentido de la vida. Algunos lo han buscado en la gloria, otros en el conocimiento, otros en la fe. Pero quizás la verdad más profunda sea que la vida no tiene un destino final como tal, sino que el sentido mismo se encuentra en el camino que recorremos. Tal como Ítaca nos mostró que no era el destino lo que importaba, sino la travesía, también descubrimos que el significado de la vida no es algo que se alcanza, sino algo que se construye con cada paso que damos.

"Uno de los más grandes testimonios sobre la vida y su significado nos lo dejó Oliver Sacks, neurólogo, escritor y humanista, conocido por su capacidad de traducir la complejidad de la mente en relatos conmovedores. En 2015, al enterarse de que tenía cáncer terminal, escribió una carta publicada en The New York Times en la que reflexionaba sobre su existencia y la forma en que había vivido. En lugar de centrarse en el miedo o la desesperanza, Sacks eligió la gratitud. Sus palabras nos recuerdan que la vida no se mide en años, sino en experiencias, en los amores que compartimos, en los viajes que emprendemos y en la sabiduría que adquirimos en el camino.

"No puedo fingir que no tengo miedo. Pero mi sentimiento predominante es de gratitud. He amado y he sido amado; he sido bendecido con mucho y he dado algo a cambio; he leído y viajado y pensado y escrito". En su testimonio, Sacks nos invita a mirar nuestra propia vida con los mismos ojos: no como una carrera con una meta definida, sino como un viaje en el que cada paso tiene su propio valor.

Podemos pensar en la vida como un río que fluye inevitablemente hacia el mar. Nos aferramos a ciertas rocas, tomamos desvíos inesperados y, a veces, nos sentimos atrapados en remolinos. Pero cada giro, cada recodo, cada corriente que nos impulsa o nos detiene, forma parte de la experiencia de existir. No hay un único destino al que debamos llegar para sentir que hemos vivido plenamente; la riqueza está en cada paso que damos, en cada persona que encontramos, en cada paisaje que contemplamos.

Los poetas y filósofos han hablado de esta idea en múltiples formas. Antonio Machado nos dejó su famoso verso: "Caminante, no hay camino, se hace camino al andar". Nietzsche, con su énfasis en el eterno retorno, nos invitaba a vivir de tal manera que pudiéramos desear repetir nuestra vida infinitamente. Y los taoístas han defendido que el "camino" (Tao) es la esencia misma de la existencia, más que cualquier meta específica que intentemos alcanzar.

Oliver Sacks nos enseñó que, cuando el tiempo se vuelve un recurso finito, comprendemos mejor su valor. "En los últimos días, puedo ver mi vida como desde una gran altura, como una especie de paisaje, y con una profunda sensación de conexión con el mundo, con la vida en general". Esa mirada panorámica es lo que muchos buscan al final de su viaje, pero lo que realmente importa es haber recorrido el camino con consciencia, con pasión y con gratitud.

Si miramos la vida desde esta perspectiva, dejamos de obsesionarnos con el destino final y comenzamos a valorar el trayecto en sí mismo. Las caídas se convierten en oportunidades de aprendizaje, los desvíos inesperados en nuevas aventuras, y las despedidas en capítulos naturales de nuestra historia. La existencia se convierte en un libro que se escribe día a día, sin la necesidad de apresurarnos a llegar a la última página.

Cuando Sacks escribió su carta, no estaba contando los días que le quedaban, sino celebrando los que había vivido. Nos enseñó que no importa cuánto tiempo tengamos, sino cómo elegimos vivirlo. Como viajeros en este vasto paisaje de la existencia, nuestra tarea no es simplemente llegar al final, sino maravillarnos con cada paso, con cada experiencia, con cada respiro.

Así que, al final, quizás el gran secreto sea este: el camino es el sentido de la vida. No hay respuestas definitivas, solo senderos por recorrer. Y cada paso que damos, cada giro que tomamos, es una oportunidad para descubrir, aprender y, sobre todo, vivir con plenitud.

CAPITULO V

LA INCERTIDUMBRE COMO CAMINO

Desde tiempos inmemoriales, el ser humano ha intentado aferrarse a certezas, a verdades inmutables que le den seguridad en un mundo caótico. Nos han enseñado que el conocimiento es una conquista definitiva, que la ciencia, la religión o la filosofía pueden ofrecernos respuestas absolutas. Sin embargo, Bertrand Russell nos advirtió que todo conocimiento es incierto, inexacto y parcial. Y quizás en esa incertidumbre, en esa falta de solidez, reside la verdadera riqueza del pensamiento humano.

Russell nos invita a abrazar la duda, a reconocer que nuestras percepciones son limitadas, que nuestras teorías son tentativas y que la verdad, en su forma más pura, es inalcanzable. Pero esto no es motivo de desaliento, sino una puerta abierta a la curiosidad y al aprendizaje constante. Porque si el conocimiento fuera absoluto, si las respuestas fueran definitivas, el viaje del saber terminaría y nos quedaríamos varados en una Ítaca estéril, sin horizontes por descubrir.

Así como Odiseo aprendió en cada desvío, en cada tormenta, en cada prueba impuesta por los dioses, también nosotros encontramos sentido en la exploración, no en la llegada. La vida no nos entrega certezas, sino caminos por recorrer. Y es en el cuestionamiento, en la revisión constante de nuestras creencias, donde se esconde la verdadera evolución del pensamiento.

El problema de la certeza absoluta es que nos encierra en dogmas, nos convierte en prisioneros de nuestras propias convicciones. Russell lo entendió bien y por ello criticó el dogmatismo en la ciencia, en la religión y en la filosofía. La verdadera sabiduría no está en la acumulación de respuestas, sino en la capacidad de cambiar de opinión ante nuevas evidencias, en la humildad de aceptar que podemos estar equivocados.

La historia está llena de verdades que en su momento parecían inquebrantables y que luego fueron superadas. Durante siglos, la humanidad creyó que la Tierra era el centro del universo, que las enfermedades eran castigos divinos, que ciertas razas o géneros eran superiores a otros. Todas esas certezas se desmoronaron ante la insistencia de quienes se atrevieron a cuestionarlas. No porque encontraran verdades definitivas, sino porque entendieron que el conocimiento es un viaje sin final.

En nuestra travesía personal, muchas veces nos enfrentamos a la necesidad de redefinir nuestro rumbo. ¿Cuántas veces hemos creído tener clara nuestra Ítaca, solo para descubrir que no era el destino que realmente buscábamos? ¿Cuántas veces hemos defendido con vehemencia una idea, para luego darnos cuenta de que estábamos equivocados? Esa es la esencia del crecimiento. No es debilidad cambiar de opinión; es señal de inteligencia y apertura.

Russell nos enseñó que la incertidumbre no es una maldición, sino una invitación a seguir explorando. A aceptar que cada respuesta nos lleva a nuevas preguntas, que cada certeza es solo un punto de apoyo temporal en un camino mucho más amplio. Y en ese reconocimiento, encontramos la verdadera libertad: la de pensar, la de dudar, la de seguir buscando.

Si la vida es un viaje y el conocimiento un océano sin orillas, la mejor forma de navegarlo no es con mapas rígidos, sino con la disposición a dejarse sorprender por lo desconocido. Porque, al final, lo esencial no es alcanzar una verdad absoluta, sino el aprendizaje que obtenemos en el intento.

"Nos han enseñado a temer la incertidumbre, como si no saber fuera un signo de debilidad. Pero, ¿y si aceptar lo desconocido fuera la clave para crecer? Bertrand Russell decía que el conocimiento nunca es absoluto, siempre está en construcción. Comprender esto no es motivo de temor, sino una invitación a seguir explorando. Si asumimos que cada certeza es temporal, descubrimos que el verdadero aprendizaje no es un destino, sino un viaje sin final, un camino donde cada respuesta nos conduce a nuevas preguntas. Y es justamente en esta búsqueda constante donde el conocimiento humano encuentra su mayor riqueza."

PARTE II
DESAFÍOS DEL CAMINO
(OBSTÁCULOS Y SUPERACIÓN PERSONAL)

CAPÍTULO VI

MÁS ALLÁ DE LOS FAVORES EL DILEMA DE LA MANO EXTENDIDA

> *"Si tu ayuda crea una deuda, no era ayuda,*
> *era una transacción disfrazada."*

L a palabra "ayuda" es una de esas que parecen brillar con luz propia. Decimos que ayudamos cuando tendemos una mano, cuando ofrecemos nuestro tiempo, cuando damos algo de nosotros a alguien más. Pero ¿es siempre ayuda lo que estamos ofreciendo? ¿O, en muchas ocasiones, disfrazamos de ayuda lo que en realidad es un acto de conveniencia personal?

Ayudar, en su esencia más pura, es dar sin esperar nada a cambio. Es ofrecer sin calcular, sin un contrato invisible que asegure que en el futuro esa persona nos devolverá el favor. Sin embargo, vivimos en un mundo donde la ayuda se ha convertido en moneda de cambio. Se ayuda para generar deuda, para crear dependencia, para sostener estructuras de poder disfrazadas de generosidad.

El filósofo Friedrich Nietzsche advertía sobre la ayuda como una forma de ejercer dominio. En Así Habló Zaratustra, menciona: "Si tienes un amigo que sufre, sé para él un lecho, pero no un médico y un enfermero." Esta frase encierra una verdad incómoda: muchas veces ayudamos para sentirnos superiores, para mantener a la otra persona en una posición de necesidad. No buscamos que se levante, sino que siga dependiendo de nuestra mano extendida.

LA AYUDA COMO CADENA

La verdadera ayuda emancipa, libera, transforma. Pero existe otra clase de ayuda, aquella que esclaviza, que convierte a la otra persona en un deudor perpetuo. Como un ave al que le dan alimento sin enseñarle a volar, hay quienes ofrecen ayuda para mantener a los demás enjaulados, dependientes. Se convierten en salvadores autoimpuestos, disfrutando de la sensación de ser necesarios, de ser la solución en la vida de alguien más.

Ayudar no es atar. No es decir: "Aquí está mi ayuda, pero a cambio deberás recordarme siempre, deberás serme leal, deberás devolverme esto cuando lo necesite." La ayuda real es aquella que permite que el otro camine por sí mismo, aunque eso signifique que se aleje de nosotros, que nos supere, que incluso nos olvide.

EL DILEMA DE LA AYUDA

> *"Ayudar no es dar lo que te sobra, es dar lo que el otro necesita para no necesitarte."*

Nos gusta pensar que somos generosos, pero cada vez que ayudamos, deberíamos preguntarnos: ¿Lo hago para que esta persona crezca, para que pueda ser independiente, para que un día no me necesite? ¿O lo hago porque quiero sentirme bueno, porque quiero algo a cambio, porque temo que, si no ayudo, mi imagen de mí mismo se tambalee?

Jean-Paul Sartre hablaba sobre la "mala fe", ese autoengaño en el que caemos para justificar nuestras acciones. Ayudar puede ser un acto de mala fe si lo hacemos con una intención oculta, si nos negamos a admitir que nuestra ayuda está contaminada por la expectativa de reconocimiento o beneficio propio.

EL FUEGO Y LA SEMILLA

Piensa en el fuego y la semilla. Algunos ofrecen ayuda como el fuego: prenden una llama en la vida de alguien, pero esa llama solo arde mientras ellos la alimentan. Si se van, la luz desaparece, el otro vuelve a la oscuridad. Esta ayuda genera dependencia. Pero está también la ayuda que es como una semilla: se planta y se deja crecer. Puede que el que plantó la semilla nunca vea el árbol completo, pero eso no importa. La verdadera ayuda es la que crece por sí misma, la que no necesita la presencia constante del que la dio.

> *"No midas tu generosidad por lo que das,*
> *sino por lo que permites que el otro logre sin ti."*

EL ECO DE LA VERDADERA AYUDA.

Si ayudar solo nos beneficia a nosotros, si solo sirve para mantener a alguien cerca, para sostener nuestro ego, para recibir gratitud eterna, entonces no es ayuda. Es control. Es una inversión disfrazada de generosidad.

La verdadera ayuda es la que empuja a la otra persona hacia adelante sin esperar que mire atrás. Es la que permite que alguien crezca aunque su crecimiento nos deje atrás. Es la que se da sin contrato, sin condiciones, sin cadenas invisibles.

La próxima vez que extiendas la mano, pregúntate: ¿Estoy ayudando para que esta persona sea libre, o para que dependa de mí? ¿Doy porque quiero ver a otros volar, o porque quiero que siempre recuerden que fui yo quien les dio las alas?

La respuesta puede incomodarte, pero en esa incomodidad está el verdadero crecimiento.

> *"La verdadera ayuda no ata, libera. No mide lo que se da, sino lo que permite que el otro logre sin ti."*

CAPÍTULO VII

EL VALOR DE UN FAVOR

Los favores son hilos invisibles que unen a las personas en momentos de necesidad. Quien da, lo hace con el alma ligera, sin esperar recompensa ni reconocimiento. Quien recibe, carga con la memoria de la gratitud, un peso liviano pero eterno.

Un favor que se recuerda con orgullo pierde su pureza, pues deja de ser un acto desinteresado y se convierte en moneda de cambio. En cambio, cuando se olvida en el acto de dar, se convierte en parte del tejido noble de la humanidad.

Aquel que recibe, sin embargo, tiene el deber de recordar. No para devolverlo de la misma forma, sino para llevar esa bondad adelante, para multiplicarla en otros gestos, en otras manos. Porque la verdadera deuda de un favor no es con quien lo concede, sino con el mundo que sigue girando gracias a esos pequeños actos de generosidad.

DE LA ANTIGUA GRECIA A LA PSICOLOGÍA MODERNA

Desde la antigüedad, los favores han sido el alma de las relaciones humanas, un vínculo invisible que ha definido imperios, forjado alianzas y sellado traiciones. En la Grecia clásica, la Xenia, un código sagrado de hospitalidad entre anfitriones y viajeros, era más que una costumbre: era una ley moral. Quien ofrecía refugio a un extranjero no debía esperar recompensa, pues los dioses mismos observaban estos actos y eran ellos quienes devolvían la bondad de formas inesperadas. Odiseo, en su largo viaje de regreso a Ítaca, encontró la salvación en la generosidad de desconocidos que jamás le pidieron nada a cambio, pues creían en el equilibrio del destino.

El pensamiento de Séneca, el gran estoico romano, resuena con esta idea cuando en *De Beneficiis* escribe: "El mayor placer en otorgar un favor es la propia acción de hacerlo." Para él, el favor debía ser una expresión de virtud, no una herramienta para manipular o exigir retribución. De lo contrario, dejaba de ser un verdadero acto de generosidad y se convertía en un contrato disfrazado.

Con el paso del tiempo, filósofos y psicólogos han intentado descifrar la compleja danza de los favores y la gratitud. Friedrich Nietzsche, en su obra Humano, demasiado humano, advierte que el verdadero peligro de un favor es que puede generar resentimiento en el receptor, especialmente si se siente incapaz de devolverlo. Mientras tanto, en la psicología moderna, estudios como los de Robert Cialdini en Influence: The Psychology of Persuasion explican cómo el principio de reciprocidad puede ser explotado para condicionar el comportamiento humano. A veces, un favor obliga más que una deuda explícita, pues la presión social de devolverlo puede influir en nuestras decisiones de maneras invisibles.

Pero, más allá de la lógica del intercambio, la gratitud sigue siendo un pilar de nuestra humanidad. En la psicología positiva, Martin Seligman ha demostrado que las personas que cultivan la gratitud en su vida diaria experimentan mayor felicidad y bienestar. No se trata solo de devolver el favor, sino de reconocerlo y permitir que nos transforme.

Así, a lo largo de la historia, los favores han sido más que simples gestos de bondad. Han construido civilizaciones, han inspirado traiciones y han sido el reflejo de nuestras aspiraciones más nobles y nuestros miedos más profundos.

Dar sin recordar y recibir sin olvidar

Es más que una frase: es un principio que ha guiado el destino de la humanidad desde tiempos inmemoriales.

¿TE HAS PREGUNTADO ALGUNA VEZ POR ÍTACA? EN CAPÍTULOS ANTERIORES YA HABÍAMOS RELACIONADO NUESTROS MENSAJES CON ESTA IDEA.

Yo me hice la misma pregunta la primera vez que escuché al maestro Ramon Bayés mencionarla.

Ítaca es una isla griega en el mar Jónico, famosa por ser el hogar del héroe Odiseo (Ulises en la mitología romana), protagonista de La Odisea, la epopeya de Homero. En la obra, Odiseo pasa diez años intentando regresar a Ítaca tras la guerra de Troya, enfrentando peligros, dioses vengativos y pruebas que ponen a prueba su ingenio y resistencia.

Más allá de su significado geográfico, Ítaca se ha convertido en un símbolo literario y filosófico del viaje de la vida, la búsqueda personal y el anhelo del hogar. La famosa poesía Ítaca de Constantino Kavafis usa la isla como metáfora del destino final de cada ser humano, enfatizando que lo importante no es solo llegar, sino todo lo que se aprende y experimenta en el camino.

ÍTACA Y LOS VIENTOS DEL DESTINO

Partimos con Ítaca en la mente, con la promesa de una tierra firme que nos aguarda al final del camino. Pero con cada paso, descubrimos que el destino no es un lugar fijo, sino un conjunto de momentos, decisiones y aprendizajes que nos van transformando. Ítaca es tan solo el pretexto para zarpar, y en ese viaje, nos encontramos con tormentas y calmas, con puertos efímeros y despedidas inevitables.

En algún punto, dejamos de mirar el horizonte con la ansiedad del que busca llegar y comenzamos a disfrutar las aguas que nos rodean. Descubrimos que Ítaca no es un sitio, sino una idea, y que cada versión de nosotros mismos que nace en el trayecto es tan valiosa como la meta que un día nos propusimos alcanzar.

CAPÍTULO VIII:

LA COSECHA DEL TIEMPO

Cuando el tiempo avanza sin prisa, pero sin pausa, aprendemos que cada favor concedido es una semilla plantada en la tierra de la memoria. Al principio, entregamos sin esperar, convencidos de que la bondad es su propia recompensa. Pero el camino nos enseña que no todos los terrenos son fértiles y que algunas semillas jamás darán fruto.

Sin embargo, no por ello dejamos de sembrar. Con el paso de los años, entendemos que la vida no consiste en un simple intercambio de dádivas, sino en la construcción de un legado de actos, visibles o invisibles, que de algún modo regresan a nosotros. La madurez nos permite aceptar que la cosecha no siempre se da en el campo donde sembramos, sino en tierras inesperadas, en momentos que nunca imaginamos.

EL CAMINO Y EL TIEMPO

Tiempo, bendito tiempo, que no podemos retener, que nunca vuelve, y sin embargo, siempre sentimos su peso, su influencia, y su huella a lo largo de nuestra vida. Muchas veces nos quedamos atrapados en épocas pasadas, queriendo regresar a esos momentos que tanto amamos, pensando que si pudiéramos volver, todo sería como antes. Pero, ¿qué pasa cuando llegamos a ese lugar que tanto añoramos? Nos damos cuenta que ya no es el mismo, que la magia que había en ese espacio ha cambiado, que la luz que iluminaba el camino ya no brilla de la misma forma.

Recuerdo algo que una vez leí de mi padre y que me quedó grabado en el corazón para toda la vida: "El camino que alguna vez recorriste jamás lo volverás a transitar de la misma forma. Todo será diferente." Esas palabras resonaron en mi mente, porque, aunque la vida es cíclica, el tiempo, el escenario, las circunstancias, las personas, todo cambia. No podemos revivir el pasado. Podemos intentar recrear momentos, pero no serán iguales, porque como hemos aprendido a lo largo de este viaje, el camino nunca es el mismo.

Cuando intentamos regresar a ese lugar donde fuimos felices, nos encontramos con la decepción. El sitio parece haber perdido su magia. Las calles ya no tienen la misma vibración. Los amigos que compartieron esos momentos tal vez ya no están allí, o tal vez, no son los mismos. Las relaciones han cambiado, los sentimientos se han transformado. Y, en ese instante, nos preguntamos: ¿Por qué todo ha cambiado? ¿Por qué ya no es igual?

Pero aquí es donde viene la lección más profunda. Nos damos cuenta de que el lugar nunca fue lo que pensábamos. El sitio no era el que nos brindaba la felicidad, sino la época, el momento, la gente, las relaciones interpersonales que compartimos. Esas son las que realmente nos marcaron. Esos momentos que, aunque no podamos revivir, nos han dejado huellas indelebles, lecciones que no se pueden enseñar, sino experimentar.

Porque al final, como ya dijimos en capítulos anteriores, el camino es el viaje. El objetivo nunca fue llegar al final; el verdadero propósito era el trayecto, cada paso dado, cada experiencia vivida, cada cambio, cada encuentro, cada despedida. La vida no es un destino que se alcanza, es una serie de momentos, y cuando nos damos cuenta de esto, entendemos que el tiempo no nos pertenece, pero nos enseña a disfrutar el camino.

> *"Cada paso que das, cada respiro que tomas,*
> *te lleva un paso más cerca de quién eres."*

Es importante recordar que el tiempo no retrocede. No importa cuánto deseemos regresar a un lugar o momento, lo único que podemos hacer es honrar lo vivido y seguir adelante. La vida sigue, y el futuro siempre está por escribir.

> *Cuando nos quedamos atrapados en lo que fue,*
> *corremos el riesgo de perdernos en lo que será.*

El futuro, como un lienzo en blanco, nos invita a dibujar una nueva historia. Cada capítulo, cada etapa de nuestra vida, es una página que no puede ser vuelta atrás. Y aunque nos guste pensar que lo que fue, fue perfecto, debemos recordar que cada etapa tiene su propósito, y cada momento tiene su propio valor. Si intentamos revivir el pasado, podemos perdernos de lo que está delante de nosotros, de lo que aún podemos crear.

Así que, en lugar de anhelar lo que ya no existe, el verdadero reto es disfrutar de lo que tenemos ahora. Es en el momento presente donde se encuentra la verdadera magia. "No te quedes mirando atrás mientras el futuro se escapa de tus manos."

El pasado nos ha formado, nos ha enseñado lecciones, pero es el presente el que debemos abrazar. Si intentamos aferrarnos a lo que fue, nunca llegaremos a lo que puede ser. Las oportunidades están frente a nosotros, pero para tomarlas, debemos vivir en el aquí y ahora.

Y es aquí donde la vida se vuelve interesante. El tiempo que creíamos perdido, esa sensación de que el reloj sigue corriendo mientras nos quedamos estancados, se convierte en nuestro mayor aliado cuando decidimos mirar hacia adelante y dar un paso más. "El tiempo no es tu enemigo, es tu oportunidad. Aprovecha cada segundo."

Para caminar hacia adelante con confianza, es vital recordar que no hay dos caminos iguales. Cada paso que damos es único. El destino no está escrito, y lo que parece un final es solo el comienzo de algo nuevo. Las estaciones de la vida cambian, y aunque cada una tiene su particularidad, ninguna es igual a la anterior. Pero eso no significa que debamos lamentarlo. Al contrario, es una bendición. Porque cada nuevo ciclo trae consigo nuevas oportunidades, nuevas personas, y nuevas experiencias.

El camino que tomes hoy será único. Puede que no sea el mismo de ayer, pero será tuyo. No importa cuántas veces pienses que te has perdido o que has tomado el camino equivocado, porque el único camino equivocado es no caminar. La vida, al igual que el viaje, no espera a que estemos listos, pero siempre se revela en su mejor forma cuando nos atrevemos a seguir adelante, paso a paso.

> *"Camina, incluso cuando no veas el final. Porque es el trayecto lo que te llevará a donde realmente necesitas estar."*

Así que, no te quedes atrapado en lo que fue, ni en lo que ya no existe. Disfruta de lo que tienes ahora. Porque al final, el tiempo no espera a nadie, pero te ofrece la oportunidad de empezar de nuevo cada día. ¡Haz que cada momento cuente!

EL ARTE DE VIVIR: EL RELOJ Y LA RELACIÓN CON EL MUNDO

Benjamín Franklin, con su sabiduría característica, nos dejó tres enseñanzas que resuenan profundamente en nuestras vidas: perdonar, guardar un secreto y aprovechar el tiempo. Y aunque esas tres son, sin duda, desafiantes, a lo largo de los años he llegado a la conclusión de que hay una más que se suma a la lista: la convivencia. Esta, al igual que las otras tres, nos coloca frente a un reto continuo, uno que no podemos eludir.

Aprovechar el tiempo, como decía Franklin, es sin duda uno de los mayores retos que enfrentamos. El tiempo, ese recurso finito que parece escurrirse entre nuestros dedos como el agua, no se detiene por nada. Vivimos en un mundo que constantemente nos exige algo más: más trabajo, más responsabilidades, más logros. Sin embargo, cada segundo que pasa es un segundo que nunca regresará. En el mismo instante en que intentamos alcanzar el futuro, el presente se desvaneció, y el pasado es todo lo que nos queda como una colección de recuerdos. Aprovechar el tiempo no es solo una cuestión de ser productivos, sino de ser conscientes de lo que realmente importa. Cada decisión que tomamos, cada paso que damos, se convierte en una parte de nuestro camino, que, aunque no siempre sea perfecto, tiene un valor invaluable.

Guardar un secreto es otro desafío que Franklin destacó, y es que, como las llaves de un cofre, los secretos tienen el poder de mantenernos a salvo, pero también de atraparnos si no sabemos cómo manejarlos. Un secreto no es solo información guardada; es una carga emocional que podemos llevar por años. Cuando no sabemos qué hacer con lo que conocemos, corremos el riesgo de perder el rumbo. Pero aquí hay una lección importante: guardar un secreto no solo implica contener palabras, sino también sentimientos, compromisos, y sobre todo, confianza. La habilidad para mantener un secreto refleja nuestro respeto por los demás, por su espacio, por sus vulnerabilidades. Al igual que un río que fluye tranquilo, un secreto bien guardado tiene la capacidad de nutrir, pero cuando se deja escapar, puede inundar todo a su paso.

Y, por último, el perdón, esa acción tan poderosa y liberadora que, como una llave maestra, tiene el poder de abrir muchas puertas cerradas. Perdonar no significa olvidar, sino entender que aferrarnos al rencor es un peso que solo nos destruye a nosotros mismos. El perdón, como una brisa suave que arrastra las hojas secas, tiene la capacidad de renovar y restaurar lo que parecía perdido. Nos libera del pasado y nos permite avanzar. Pero al igual que el tiempo, el perdón debe ser aprovechado mientras es posible, antes de que las heridas se cicatricen en capas demasiado profundas para ser sanadas.

Sin embargo, si sumamos a la ecuación la convivencia, encontramos otro componente esencial de nuestra vida. Vivir en armonía con los demás es como bailar una danza, donde cada uno tiene su papel, pero sin perder el ritmo del grupo. Es cierto que convivir no es tarea fácil, y no se trata solo de tolerar a los demás, sino de aprender a vivir con sus diferencias. La convivencia nos reta a ser pacientes, a escuchar sin juzgar, a ofrecer comprensión cuando la irritación nos embarga. Como un jardín que debe ser cuidado con esmero, las relaciones humanas florecen cuando les damos el tiempo y la atención que necesitan. Al igual que un árbol que crece en su propio tiempo, no todas las relaciones se desarrollan de la misma manera, pero todas requieren cuidado y amor.

En cada interacción, en cada gesto, estamos compartiendo algo de nosotros mismos. Como si estuviéramos tejiendo una tela invisible con hilos de respeto, comprensión y afecto, cada momento compartido con otros es una oportunidad para crecer juntos. Y aunque a veces los desacuerdos surjan, la verdadera prueba de la convivencia no está en evitar los conflictos, sino en saber resolverlos con empatía y madurez. Las personas, como los relojes, tienen piezas que encajan perfectamente, pero también otras que requieren ajustes. La convivencia, como el tiempo, requiere paciencia y disposición para entender que el proceso de adaptación es constante.

El tiempo, las relaciones, los secretos y el perdón, todos se entrelazan en una danza que es la vida misma. No podemos controlar todo, pero podemos elegir cómo nos relacionamos con estos elementos. Si aprovechamos el tiempo sabiamente, si sabemos guardar lo que debe ser guardado, si somos capaces de perdonar cuando el peso de la ira nos amenaza, y si aprendemos a convivir con los demás en armonía, entonces habremos encontrado el equilibrio. El verdadero arte de vivir no está en alcanzar la perfección, sino en aprender a fluir con las circunstancias, a ajustarnos a las piezas del reloj de la vida y a valorar cada momento como único.

Recuerda, todo lo que vivimos, todo lo que aprendemos y todas las relaciones que cultivamos son, al final, lo que queda. El tiempo no se detiene, pero lo que hagamos con él sí definirá lo que somos. Cada segundo cuenta, cada palabra tiene su peso, y cada interacción puede ser una oportunidad para crecer. La verdadera grandeza no radica en hacer grandes cosas, sino en hacer bien las pequeñas cosas, esas que construyen la vida, las que tejen nuestra historia y nos conectan con los demás.

EL AHORA ES TODO LO QUE TENEMOS

Nos pasamos la vida esperando. Esperamos el fin de semana, las vacaciones, el ascenso, la pareja ideal, el momento perfecto. Y en esa espera, la vida pasa.

Nos enseñaron a mirar siempre hacia adelante, a planear el futuro, a buscar algo más. Pero, ¿qué pasa con el presente? ¿Cuánto tiempo pasamos realmente viviendo aquí y ahora?

La gratitud es el puente que nos regresa al presente. No se trata de conformarnos, sino de reconocer lo que ya tenemos mientras seguimos avanzando. Nos ayuda a darnos cuenta de que este momento, justo ahora, ya es parte de la vida que tanto buscamos.

EJERCICIO PRÁCTICO:

Detente. Mira a tu alrededor. ¿Qué puedes agradecer hoy? Puede ser algo grande o pequeño: una conversación, un rayo de sol, un logro, una lección, un respiro profundo.

Cierra los ojos y respira. Siente el peso de tu cuerpo, el aire que entra y sale. Recuerda: estás vivo, y eso ya es un milagro.

Piensa en alguien a quien agradecer. Escríbele un mensaje, llámalo, exprésalo.

Porque si hay algo que el tiempo nos enseña es que no hay garantía de nada. No podemos controlar el futuro, pero sí podemos elegir cómo vivimos este instante. Y eso, al final, lo cambia todo.

EL SILENCIO Y LA RESPUESTA

Los años nos enseñan que el silencio no siempre es vacío. A veces es la mejor respuesta, el espacio donde germinan las ideas, donde se forman las convicciones. Nos desesperamos cuando nuestras preguntas no encuentran eco inmediato, pero pronto comprendemos que el tiempo responde a su propio ritmo, que algunas respuestas solo llegan cuando estamos preparados para entenderlas.

No todo lo que queremos saber se revela en el momento en que lo pedimos. La paciencia, esa virtud que aprendemos con cada fracaso y cada espera, nos regala el privilegio de comprender que algunas certezas no necesitan palabras, sino tiempo para asentarse en nuestro interior.

"La vida es un viaje incierto,
donde el viento es quien decide.
A veces nos lleva lejos,
a veces nos deja ir."

CAPÍTULO IX

EL PESO DE DECIDIRSE

Nunca tomes decisiones que sepas de antemano que no puedes sostener. No apuestes a que las cosas van a cambiar; apuesta a que, con esa decisión, aún vas a poder ser feliz.

L as decisiones son como los cimientos de una casa: si los construyes sobre terreno inestable, tarde o temprano la estructura se resquebraja. En psicología, el sesgo de optimismo nos hace creer que las circunstancias futuras serán más favorables de lo que realmente pueden ser. Nos decimos que las cosas mejorarán, que las personas cambiarán, que el tiempo acomodará lo que hoy parece frágil. Pero construir sobre lo incierto es como levantar un puente sin calcular la resistencia de los materiales.

El conocimiento tácito nos enseña que hay cosas que sabemos sin poder explicarlas con palabras, intuiciones que nos guían incluso cuando no tenemos evidencia concreta. Muchas veces, sentimos en el fondo de nuestra mente que una decisión no es sostenible, pero elegimos ignorar esa voz. Como en el experimento de Iowa Gambling Task, donde los participantes, sin ser conscientes de ello, comienzan a evitar las cartas que los llevan a perder, nuestro instinto suele adelantarse a nuestra razón. Si prestamos atención, podemos reconocer cuando algo simplemente no encaja.

Tomar una decisión sostenible no significa elegir el camino fácil, sino el camino en el que, aun con sus dificultades, podamos seguir en pie sin traicionarnos a nosotros mismos. Es entender que la felicidad no se construye sobre una promesa de cambio, sino sobre la certeza de que, aun si todo sigue igual, podremos estar en paz con lo que hemos elegido, A veces dejamos un trabajo, una relación, un país... no porque huyamos, sino porque sentimos que ya no podemos quedarnos. Y sin embargo, no todas esas decisiones nacen desde la verdad, aunque parezcan valientes. Algunas brotan del impulso, del cansancio, del deseo de escapar del dolor inmediato sin pensar en el mañana. Y entonces, más tarde, descubrimos que no es tan fácil sostener con el tiempo lo que elegimos en un momento de ruptura. Llega el remordimiento, la duda, el "¿y si me hubiera quedado un poco más?".

Por eso, hay una diferencia silenciosa pero vital entre elegir desde el alma y actuar por impulso. No se trata de huir de lo que duele, sino de caminar hacia lo que nos honra. De tomar decisiones no por comodidad o certezas, sino por coherencia. Y en ese acto profundo de fidelidad a uno mismo, aunque el camino sea incierto, aunque no haya garantías, comienza una forma de paz que no depende del entorno, sino de la integridad con la que decidimos vivir.

DE LAS DECISIONES INVISIBLES

Elige solo aquello que puedas llevar contigo sin traicionarte. No construyas tu felicidad sobre la esperanza de que algo externo cambie; construye sobre lo que sabes que puedes sostener y que no te vayas a arrepentir.

La toma de decisiones es un proceso más complejo de lo que solemos imaginar. Aunque nos gusta pensar que nuestras elecciones son racionales y calculadas, la psicología moderna ha demostrado que nuestras decisiones están influenciadas por una mezcla de razón, emoción y conocimiento tácito, esa sabiduría silenciosa que acumulamos sin darnos cuenta.

Desde los primeros estudios sobre el pensamiento humano, filósofos y científicos han debatido sobre el papel de la razón en la toma de decisiones. Platón describía la mente como un carro tirado por dos caballos: uno representando la razón y el otro, las emociones. Para tomar buenas decisiones, el auriga debía mantener el control de ambos. Siglos después, Daniel Kahneman y Amos Tversky demostraron que nuestra mente funciona con dos sistemas: **el Sistema 1**, rápido e intuitivo, y el **Sistema 2**, lento y analítico. En la mayoría de las situaciones, creemos que usamos el razonamiento lógico (Sistema 2), pero en realidad, muchas de nuestras elecciones están dominadas por atajos mentales, sesgos cognitivos y la experiencia acumulada (Sistema 1).

Cuando enfrentamos decisiones importantes, solemos decirnos que debemos analizar todos los factores antes de elegir. Sin embargo, la psicología ha demostrado que demasiada información puede ser paralizante. Barry Schwartz, en su libro The Paradox of Choice, explica que cuando tenemos demasiadas opciones, en lugar de sentirnos más libres, nos volvemos más inseguros. Buscamos la decisión "perfecta", tememos equivocarnos y, en muchos casos, terminamos sin decidir o eligiendo mal.

Aquí es donde el conocimiento tácito entra en juego. No todo se puede calcular. En experimentos con ajedrecistas, los investigadores descubrieron que los jugadores expertos pueden reconocer una buena jugada en milisegundos, sin necesidad de analizar cada posible movimiento. Su cerebro ha interiorizado patrones de juego a través de la experiencia, permitiéndoles decidir con rapidez y precisión. Lo mismo sucede con la vida: algunas decisiones no necesitan ser justificadas con un sinfín de argumentos, sino que se sienten correctas porque nuestra mente ya ha procesado, en un nivel profundo, lo que es sostenible y lo que no.

Por otro lado, la disonancia cognitiva juega un papel crucial en la manera en que sostenemos nuestras decisiones. Cuando elegimos algo que en el fondo sabemos que no es adecuado para nosotros, nuestra mente busca justificarlo. Nos convencemos de que las cosas cambiarán, de que podemos adaptarnos, de que será diferente con el tiempo. Esto genera una lucha interna, un desgaste mental que tarde o temprano se traduce en frustración o arrepentimiento.

Tomar una decisión correcta no siempre significa elegir lo más lógico o lo que parece óptimo en el papel. A veces, significa escuchar lo que nuestra experiencia ha venido diciéndonos en susurros desde hace tiempo. Es entender que no basta con que una decisión sea buena en teoría; debe ser sostenible en la práctica. Si el futuro de una elección depende de que todo a su alrededor cambie, entonces probablemente sea una apuesta peligrosa.

La psicología moderna ha demostrado que los mejores tomadores de decisiones no son necesariamente los que más analizan, sino los que confían en su experiencia sin ignorar la realidad. Las emociones no son enemigas de la razón, y el conocimiento tácito no es menos valioso que el conocimiento explícito. En última instancia, tomar buenas decisiones es un equilibrio entre saber lo que queremos, entender lo que podemos sostener y reconocer cuándo nuestra mente ya tiene la respuesta antes de que la razón la formule por completo.

CAPÍTULO X:

EL AUTOBÚS DE LA VIDA

La vida es un camino que cada quien transita a su manera. Para algunos, es la comodidad de una casa bien decorada, paseos por parques soleados, cenas con amigos y estabilidad financiera. Para otros, es la lucha diaria por llegar a fin de mes, encontrar un rincón donde dormir o simplemente tener un plato caliente sobre la mesa. La vida, como un paisaje visto a través de la ventana de un autobús, cambia según la perspectiva de quien la observa. Lo que para unos es belleza, para otros es rutina. Lo que para unos es carencia, para otros es libertad.

En este autobús, tú eres el conductor. Hay pasajeros que suben y bajan, algunos te acompañan largos trayectos y otros solo unas pocas paradas. Algunos te aconsejan por dónde ir, otros intentan tomar el volante. Pero al final, solo tú decides cuál es el destino. Si esperas las condiciones perfectas para arrancar, podrías quedarte en la estación para siempre, viendo cómo los demás avanzan mientras tus sueños se oxidan en la espera.

La clave está en comenzar el viaje. No importa si al principio el motor suena forzado o si la carretera es incierta. En el trayecto, las piezas se ajustarán y los caminos se abrirán. La vida premia al que se mueve, al que no se detiene ante los obstáculos. ¿Acaso una semilla espera la primavera perfecta para germinar? No. Crece donde cae, donde la tierra le brinda una mínima oportunidad, y desde ahí se abre paso hacia la luz.

Vivir con lo justo no es un sacrificio, es una elección. Lo justo no es tener mucho, sino tener lo suficiente para ser feliz. La abundancia no se mide en bienes materiales, sino en experiencias, en momentos compartidos, en la paz de hacer lo que realmente amas. Un pescador que vive con la pesca del día puede ser más rico en alegría que un magnate atrapado en su oficina. La verdadera pobreza es la insatisfacción, el sentimiento de que siempre falta algo para ser feliz.

Y aquí es donde las palabras toman un papel fundamental. Un discurso puede construir imperios o derribarlos. La historia está llena de líderes que, con el poder de su voz, han cambiado naciones, han inspirado revoluciones o han sanado corazones heridos. Pero, así como pueden dar luz, las palabras también pueden herir, oscurecer y destruir. Cuidar lo que decimos es entender que cada palabra es una semilla que germinará en la mente de quien la escuche. Siembra esperanza, motivación y compasión, y verás un mundo florecer a tu alrededor.

La adversidad es la cuna de las grandes historias. No hay héroe sin desafío, no hay crecimiento sin dolor. Desde la debilidad nacen las ideas más brillantes, los cambios más profundos. Si hoy te encuentras en un momento difícil, estás ante una oportunidad extraordinaria. Es en la tormenta donde el navegante aprende a leer el viento, donde el guerrero descubre su fuerza, donde el artista encuentra su inspiración.

Piensa en el diamante: no nace brillante. Es solo un trozo de carbono sometido a una presión inmensa, un material común que, tras resistir el peso del mundo, se convierte en la piedra más valiosa. Así también ocurre con el alma humana: las dificultades la pulen, la fortalecen y la hacen brillar con luz propia.

Al final, la vida es un viaje que tú decides cómo recorrer. Puedes elegir ser un pasajero pasivo, esperando a que algo ocurra, o tomar el volante y conducir hacia donde realmente quieres ir. Las condiciones nunca serán perfectas, pero el camino se alinea para quienes se atreven a andar. Y tú, ¿estás listo para tomar el control de tu autobús?

Explora sin miedo, vive sin límites, la vida es un mapa sin rutas fijas, un territorio vasto que pocos se atreven a recorrer en su totalidad. Hay quienes caminan solo por los senderos marcados, sin desviarse, temerosos de lo desconocido. Y luego están aquellos que cruzan fronteras, que se lanzan a ríos turbulentos sin saber qué hay al otro lado. Esos son los que descubren los paisajes más hermosos, los que viven historias que merecen ser contadas.

Romper las reglas no siempre significa desafiar la ley, sino desafiar la rutina, la comodidad, la monotonía de hacer siempre lo mismo y esperar un resultado distinto. A veces, tomar un desvío inesperado en la vida es lo que nos lleva a los destinos más inolvidables. Como el viajero que, en lugar de seguir el camino más corto, decide perderse por callejones olvidados y termina encontrando un café escondido donde la vida se saborea diferente.

Atrévete a salir de tu burbuja, a probar comidas cuyo nombre ni siquiera puedes pronunciar, a escuchar idiomas que suenan como melodías desconocidas. Cada cultura que descubres es un nuevo libro abierto, una nueva forma de entender el mundo. No hay mayor riqueza que la de un corazón que ha latido en muchos rincones del planeta.

Y si alguna vez sientes miedo por no saber a dónde vas, recuerda que los mejores cuentos comienzan con un personaje que se aventura sin un plan claro. La incertidumbre no es el enemigo; es la puerta a lo inesperado, a lo que aún no has vivido pero está esperándote.

La vida no está hecha para quedarse quieto. Atraviésala como un río que no teme a las rocas, como un viento que no pide permiso para soplar. Expande tus horizontes, comparte lo que has aprendido y, sobre todo, nunca dejes de explorar. El mundo es más grande de lo que imaginas, y tú eres más capaz de lo que crees.

CAPÍTULO XI:

EL SÍNDROME DEL IMPOSTOR

LA BATALLA CON LA PROPIA MENTE

magina por un momento que logras algo que siempre quisiste. Te graduás con honores, consigues el trabajo de tus sueños, logras un ascenso o recibes el reconocimiento que tanto buscaste. Pero en lugar de sentir satisfacción, te invade una sensación de duda, como si todo lo que has logrado fuera producto del azar, de un golpe de suerte o de una gran farsa que tarde o temprano será descubierta. Bienvenido al Síndrome del Impostor, un enemigo silencioso que ataca incluso a las mentes más brillantes.

Este fenómeno psicológico no distingue entre género, raza, edad o nivel profesional. Pauline Clance y Suzanne Imes acuñaron el término en 1978 al estudiar cómo muchas mujeres exitosas se sentían como fraudes a pesar de sus logros académicos y profesionales. Con el tiempo, se ha descubierto que el síndrome del impostor afecta a hombres y mujeres por igual y que, aunque no se considera una patología clínica, sí puede tener un impacto devastador en la vida personal y profesional de quien lo padece.

¿POR QUÉ NOS SENTIMOS COMO FRAUDES?

La psicología moderna ha estudiado extensamente el Síndrome del Impostor y sus raíces. Se cree que proviene de una combinación de factores internos y externos. Desde una infancia en la que el reconocimiento dependía de resultados perfectos, hasta una cultura que nos empuja a compararnos constantemente con los demás, el síndrome del impostor es una sombra que se cuela en los pensamientos de quienes luchan por la excelencia.

Según un estudio realizado por Neureiter y Traut-Mattausch en 2016, quienes padecen el Síndrome del Impostor pero logran enfrentarlo terminan creciendo exponencialmente más que aquellos que nunca lo experimentaron. Esto se debe a que, al superar sus propias dudas y temores, desarrollan resiliencia, confianza en sí mismos y una mayor satisfacción profesional.

Pero, ¿cómo se manifiesta el síndrome del impostor?

Te sientes como un fraude, a pesar de que tus logros sean legítimos.

Crees que tu éxito es solo producto de la suerte y no de tu esfuerzo y habilidades.

Tienes miedo constante de que los demás descubran que "no eres tan bueno" como creen.

Te comparas con los demás y siempre sientes que no estás a la altura.

Sientes que nunca eres lo suficientemente bueno, sin importar cuánto consigas.

Si alguna de estas sensaciones te resulta familiar, no estás solo. Se estima que el 70% de las personas experimentan el síndrome del impostor en algún momento de sus vidas. Desde estudiantes hasta ejecutivos de grandes empresas, nadie está exento de esta sensación de insuficiencia.

LA TRAMPA DE LA COMPARACIÓN

Uno de los mayores combustibles del síndrome del impostor es la comparación constante con los demás. En un mundo hiperconectado, donde las redes sociales nos muestran solo los logros de los demás y no sus fracasos, es fácil caer en la trampa de creer que somos los únicos que luchamos con inseguridades.

Nos comparamos con colegas que parecen más exitosos, con amigos que aparentan tener vidas perfectas, con personas que parecen tenerlo todo resuelto. Pero lo que no vemos es la historia completa. No vemos las noches de insomnio, los miedos, las veces que han fallado o las dudas que los atormentan.

La clave está en centrarnos en nuestro propio camino. Como dijo Theodore Roosevelt: "La comparación es el ladrón de la alegría." En lugar de medirnos con los demás, debemos medirnos con nosotros mismos. ¿Hemos avanzado desde donde estábamos hace un año? ¿Estamos aprendiendo y mejorando? Esas son las únicas comparaciones que valen la pena.

ESTRATEGIAS PARA SUPERAR EL SÍNDROME DEL IMPOSTOR

Si bien el síndrome del impostor puede ser paralizante, hay formas de enfrentarlo y salir fortalecido. Aquí algunos pasos esenciales:

Reconócelo. Aceptar que tienes el síndrome del impostor es el primer paso para superarlo. No estás solo y no significa que seas incapaz o incompetente.

Cambia tu narrativa interna. Reemplaza pensamientos como "No soy lo suficientemente bueno" por "Estoy en constante aprendizaje y mejora".

Haz una lista de tus logros. Escribe todo lo que has conseguido en los últimos tres años. Verás cuánto has crecido.

Deja de compararte con los demás. Cada persona tiene su propio proceso y circunstancias.

Acepta los elogios. En lugar de minimizar tus logros, aprende a recibir halagos con gratitud.

Toma riesgos planificados. Atrévete a salir de tu zona de confort, pero con estrategias claras y metas alcanzables.

Busca apoyo. Hablar con amigos, mentores o terapeutas puede ayudarte a ver tu valor desde una perspectiva más objetiva.

EL LADO POSITIVO DEL SÍNDROME DEL IMPOSTOR

Aunque puede parecer una carga, el síndrome del impostor también tiene una cara positiva. Las personas que lo experimentan suelen ser más autoexigentes, lo que puede impulsarlas a aprender más, a prepararse mejor y a dar lo mejor de sí mismas. Además, una vez que logran superarlo, su crecimiento personal y profesional se dispara, desarrollando una mentalidad mucho más fuerte y resiliente.

Al final, superar el síndrome del impostor no significa dejar de sentirlo para siempre. Significa aprender a reconocerlo, enfrentarlo y seguir avanzando a pesar de él. Como dijo Maya Angelou: "Cada vez que publico un libro, pienso: 'Oh, van a descubrir que soy un fraude'. Pero entonces lo hago de todas formas."

Así que la próxima vez que dudes de ti mismo, recuerda: No eres un fraude. Eres alguien que está en constante evolución, aprendiendo, creciendo y superando sus propios miedos. Y eso, más que cualquier logro, es lo que realmente te hace grande.

En el camino del aprendizaje y la superación personal, nos encontramos con un desafío silencioso pero poderoso: el miedo al juicio de los demás. A menudo, cuando comenzamos a aprender algo nuevo, sentimos que no estamos lo suficientemente preparados para mostrarlo. Pensamos que necesitamos tener todo dominado, que debemos esperar hasta ser expertos antes de compartir lo que sabemos. Pero en realidad, es precisamente cuando menos sabemos de algo que más nos atrevemos a mostrarlo. En esos momentos de vulnerabilidad, en los que sentimos que nuestra comprensión del tema es incompleta, es cuando más podemos aprender, crecer y conectar con los demás.

Nos enfrentamos a este temor desde el principio. Al principio de nuestra vida profesional, al iniciar un nuevo proyecto o al sumergirnos en un área de conocimiento que no dominamos, nos encontramos dudando de nuestra capacidad. Creemos que los demás esperan que tengamos todo bajo control, que no cometamos errores, que nuestro conocimiento sea perfecto. Sin embargo, ese es el mismo pensamiento que nos limita, el que nos hace creer que no somos suficientes, que no tenemos el derecho de compartir lo que ya sabemos. Pero en realidad, nuestra valía no se mide por lo que aún nos falta por aprender, sino por lo que ya hemos logrado, por el esfuerzo y la dedicación que hemos invertido en el proceso de crecimiento.

Imagina que eres un escultor, y frente a ti tienes una pieza de mármol. Al principio, la roca está cruda y sin forma, pero poco a poco, con cada golpe de cincel, vas revelando la figura que está oculta en su interior. Cada pequeño cambio, cada ajuste que haces, es un paso hacia la obra maestra. Pero el miedo de mostrarle al mundo esa figura inacabada, de temer que aún no esté perfecta, es lo que nos frena a seguir. Si solo esperaras a que la escultura estuviera completamente terminada, nunca tendrías el coraje de mostrar el proceso. Pero es en ese proceso, en esos momentos de imperfección, cuando realmente estamos aprendiendo y mejorando. Cada paso que das, aunque pequeño, es parte del viaje hacia el dominio completo.

Lo mismo ocurre con todo lo que aprendemos. No es necesario esperar hasta que tengamos todas las respuestas o el conocimiento completo antes de compartirlo. Al compartir lo que ya sabemos, estamos dando un paso valioso hacia adelante. Nos atrevemos a mostrar nuestras imperfecciones porque, al hacerlo, no solo estamos aprendiendo nosotros mismos, sino que también ayudamos a los demás a aprender de nuestras experiencias. A veces, la gente no necesita la perfección. Necesita ver que también estamos en el proceso, que no somos inmunes al error, que nuestras dudas y vacilaciones son parte del camino, y que con esfuerzo y perseverancia podemos lograr cosas increíbles.

Es como cuando alguien te comparte un fragmento de una canción que está componiendo, aunque todavía no esté completamente terminada. Lo hace porque sabe que cada acorde, cada letra que ha escrito, es una parte de su viaje creativo. No tiene miedo de que otros vean las notas que aún no se han afinado, porque entiende que al mostrarlas, está invitando a los demás a ser parte de su proceso, a compartir su pasión y su dedicación.

El miedo a las críticas puede ser parálisis. Nos hace pensar que necesitamos ser perfectos antes de actuar, y eso nos lleva a una parálisis que nos impide avanzar. Pero lo cierto es que nunca seremos perfectos. Y eso está bien. La perfección no existe, y si buscamos siempre alcanzar una imagen idealizada de nosotros mismos, nunca seremos capaces de mostrarnos como realmente somos. Lo que nos hace especiales no es la perfección, sino la autenticidad. Lo que hace que nuestra presencia, nuestra voz, nuestro trabajo sea valioso es el hecho de que estamos siendo reales, mostrando lo que realmente somos, sin importar cuántas fallas tengamos.

El filósofo Sócrates lo entendía bien cuando decía: "Solo sé que no sé nada". A pesar de ser uno de los pensadores más influyentes de la historia, reconocía que el aprendizaje es un proceso continuo, que nunca tenemos todas las respuestas. Su humildad para aceptar lo que no sabía le permitió seguir aprendiendo, y ese mismo principio es lo que debemos aplicar en nuestras propias vidas. La voluntad de aprender, de crecer y de ser vulnerables frente a lo que no sabemos es lo que nos permite avanzar. Si nos detenemos por miedo a no ser perfectos, estamos negándonos a crecer.

Además, al compartir lo que ya sabemos, incluso en su forma imperfecta, estamos contribuyendo al bienestar colectivo. Las personas que empiezan en el mismo camino que nosotros, aquellas que están dando sus primeros pasos, se benefician enormemente al ver nuestro proceso. Ellos no esperan que seamos expertos. Ellos solo quieren ver que estamos intentándolo, que estamos luchando por mejorar, y eso les da la confianza para seguir adelante. La inspiración que brindamos al ser vulnerables y auténticos tiene el poder de movilizar a otros, de darles el empuje que necesitan para comenzar su propio viaje.

Cuando nos atrevemos a mostrar lo que hemos aprendido, lo que ya hemos dominado, sin importar lo que aún nos falta, estamos abriendo puertas para otros. Les estamos dando la oportunidad de ver que no hay un camino recto hacia el éxito, que no hay un punto final, sino que hay un constante proceso de crecimiento. Estamos dándoles permiso para también mostrar su propio proceso, sin miedo a la crítica o al juicio, porque saben que todos estamos aprendiendo constantemente.

Es por eso que no importa si lo que sabes parece poco. Cada paso que das, cada pieza que colocas en tu propio rompecabezas, es valiosa. No importa cuántos expertos haya en el campo, tu visión, tus experiencias y tu perspectiva única son las que hacen que tu conocimiento tenga valor. Y esa es la magia del aprendizaje. No se trata de ser perfecto, sino de estar en constante movimiento, en constante evolución. Y al mostrar tu camino, al compartir lo que ya sabes, estás ayudando no solo a otros, sino también a ti mismo a seguir aprendiendo.

Así que no tengas miedo de compartir lo que sabes, aunque no sea todo. No te detengas por el miedo a la crítica o a la imperfección. Cada paso que has dado en tu viaje es valioso. Al mostrarlo, inspiras, enseñas y, lo más importante, te sigues descubriendo a ti mismo. El mundo necesita más personas que se atrevan a ser vulnerables, a compartir lo que han aprendido, a mostrar que el proceso es tan importante como el resultado. Y eso es lo que nos hace humanos, lo que nos conecta a todos en este viaje de aprendizaje y superación.

CAPÍTULO XII:

LA TRAMPA INVISIBLE: LIBERÁNDONOS DE LA NECESIDAD DE APROBACIÓN EXTERNA

Vivimos en un mundo donde las opiniones ajenas parecen tener un poder inmenso sobre nuestra felicidad y bienestar. Desde que somos pequeños, nos enseñan a valorar el reconocimiento de los demás, a buscar esa aprobación como si fuera el sello de nuestra valía. "Si eres aceptado, eres valioso", parece ser el mensaje implícito. En la escuela, en el trabajo, en las redes sociales, el eco de las opiniones ajenas se escucha fuerte, tan fuerte que, en ocasiones, nos olvidamos de la voz más importante: la nuestra propia.

Imagina que, en lugar de caminar libremente por un sendero, estás atrapado en una red invisible. Esa red te rodea, te limita, pero no la ves. La necesidad de aprobación es esa red: te atrapa sutilmente, te impide avanzar con libertad y te obliga a moverte según los deseos de los demás, en lugar de seguir tu propio camino. Cuanto más te aferras a esta necesidad, más difícil es romper esas ataduras y más perdida se vuelve tu auténtica dirección.

Es curioso cómo, desde la niñez, buscamos sin descanso el cariño y la validación de nuestros padres, maestros, amigos. Crecemos en un mundo que constantemente nos dice qué está bien y qué está mal, lo que es aceptable y lo que no. Pero lo que rara vez nos enseñan es a validar nuestras propias decisiones, a no depender de la mirada ajena para sentirnos completos. Es como si todos los demás fueran los jueces de nuestra vida, y nosotros, los condenados, esperando su aprobación para sentir que valemos algo.

La necesidad de aprobación no es más que una máscara que nos ponemos, una que nos hace creer que si los demás nos aceptan, seremos más felices. Pero esta búsqueda interminable de validación externa solo crea un ciclo vicioso. Cada vez que obtenemos un elogio, nos sentimos bien, pero el vacío vuelve a aparecer. Las críticas nos hunden y nos arrastran, haciéndonos dudar de nuestra valía. Y mientras estamos atrapados en este ciclo, nos olvidamos de lo más importante: que la verdadera paz viene de adentro, no de las opiniones de los demás.

Este fenómeno tiene raíces profundas en la psicología humana. La teoría de la autoestima, por ejemplo, sugiere que las personas buscamos el reconocimiento de los demás porque sentimos que nuestra identidad y valor dependen de él. Pero lo cierto es que, cuanto más buscamos la aprobación externa, más nos alejamos de nuestra esencia. Es como si, por miedo a no ser aceptados, abandonáramos nuestra autenticidad. El problema es que, al vivir para agradar a los demás, nos olvidamos de vivir para nosotros mismos.

La filosofía también ha tratado este tema a lo largo de los siglos. Los estoicos, como Séneca o Epicteto, nos enseñaron a encontrar la paz dentro de nosotros y a no dejar que el juicio de los demás nos controlara.

"Lo que no depende de ti, no te debe preocupar", decía Epicteto.

Es un recordatorio de que, aunque las opiniones ajenas pueden influir en nuestras emociones, no deben definirnos. Al tomar este principio como nuestra guía, podemos empezar a soltar las cuerdas invisibles que nos atan a las expectativas de los demás.

No se trata de ignorar a las personas ni de rechazar sus opiniones, sino de encontrar el equilibrio. La verdadera liberación llega cuando entendemos que nuestra valía no depende de lo que los demás piensan, sino de cómo nos vemos a nosotros mismos. Es como si, de repente, al mirar al espejo, comenzáramos a ver la imagen más auténtica de nosotros, una que no necesita aprobación externa para sentirse completa. Al aceptarnos tal y como somos, sin las máscaras de aprobación, nos liberamos de la necesidad constante de ser aprobados.

Este proceso no es fácil, claro está. La necesidad de aprobación es una parte de nosotros que ha sido alimentada durante años. Pero como cualquier hábito, puede ser cambiado. La clave está en cultivar la autoestima y la autoaceptación. El cambio comienza cuando, poco a poco, nos damos permiso para ser nosotros mismos sin buscar la validación constante de los demás. Es un viaje que requiere paciencia y valentía, pero es uno que nos lleva a la verdadera libertad.

Al liberarnos de la necesidad de aprobación, aprendemos a confiar en nuestra voz interior, en nuestras decisiones. Nos damos cuenta de que no necesitamos la validación de los demás para ser completos. Y aunque la sociedad nos diga lo contrario, entendemos que la verdadera aprobación proviene de ser genuinamente fieles a nosotros mismos. Cuando dejamos de buscar la aceptación de los demás, descubrimos un mundo nuevo: el de la autenticidad, donde vivimos con libertad, sin las cadenas de las expectativas ajenas.

De este modo, no solo encontramos nuestra paz interior, sino que también descubrimos que cuando somos auténticos, las relaciones que forjamos con los demás son más profundas y verdaderas. Porque la verdadera conexión solo puede existir cuando dejamos de ser lo que los demás esperan de nosotros y nos permitimos ser lo que realmente somos. Solo entonces podemos experimentar una vida plena, donde ya no dependemos de la validación externa, sino de la fuerza y la confianza que provienen de nuestra propia autenticidad.

CAPÍTULO XIII:

EL PODER DEL AMOR PROPIO: EL ARTE DE VALORAR Y ACEPTAR LO QUE ERES

El amor propio no es solo un concepto, es una filosofía de vida. Es la clave que abre las puertas del bienestar y la paz interior. A menudo, buscamos fuera de nosotros lo que realmente debe nacer desde nuestro interior: la aceptación y el respeto. Y sin embargo, cómo podemos esperar ser verdaderamente felices si no sabemos valorarnos a nosotros mismos en primer lugar? El amor propio es el primer paso en cualquier viaje de crecimiento personal. Es la raíz que sostiene el árbol de nuestra vida, y de ella dependen todas nuestras ramas: nuestras relaciones, nuestro éxito y nuestra paz interna.

En la sociedad moderna, se nos enseña a mirar hacia afuera. Nos bombardean con imágenes de lo que se supone que deberíamos ser, de lo que otros esperan de nosotros. En medio de tanta influencia externa, se nos olvida la importancia de mirar dentro, de escuchar nuestra propia voz. Sin embargo, si buscamos validación en el mundo exterior, nunca encontraremos una base sólida. El amor propio es un refugio interno. Es saber quién eres y lo que vales, independientemente de lo que piensen los demás. Es entender que el único juicio que realmente importa es el tuyo propio.

El amor propio es como una semilla que plantamos en el jardín de nuestra mente. Al principio, puede parecer pequeña y frágil, y el mundo puede seguir presionándonos a regar el jardín con la aprobación externa. Pero si nos mantenemos firmes, si nutrimos esa semilla con autocuidado, autocompasión y paciencia, crecerá en una planta robusta y hermosa. Y esa planta se convierte en un reflejo de lo que somos capaces de alcanzar cuando nos amamos a nosotros mismos. Las flores que nacen de este amor propio son nuestras pasiones, nuestras fortalezas y nuestra autenticidad.

Muchos de nosotros pasamos la vida buscando la aceptación de los demás, como si la validación de otras personas tuviera el poder de completar nuestra existencia. Pero la verdad es que el amor propio no se basa en las opiniones ajenas. Cuando te amas a ti mismo, ya no sientes la necesidad de buscar la validación externa porque te conviertes en tu propio refugio, en tu propio templo. Dejas de esperar la aprobación de los demás, porque ya sabes quién eres y lo que vales. Es como tener una brújula interna que te guía a través de la vida, sin necesidad de que otros te digan en qué dirección ir.

El amor propio no es simplemente un estado emocional positivo; es también un acto de valentía. Requiere que seas honesto contigo mismo, que mires tus luces y sombras con igual aceptación. Nadie es perfecto, y reconocer nuestras imperfecciones no nos hace menos, sino más humanos. Al abrazar todas nuestras facetas, desde las más brillantes hasta las más oscuras, nos damos permiso para ser quienes somos realmente. Es en este acto de aceptación plena donde reside la verdadera belleza del ser.

Cuando nos amamos, somos capaces de poner límites saludables. Respetamos nuestras necesidades, nuestras emociones y nuestro bienestar. A veces, el amor propio significa decir "no" a situaciones o personas que no nos aportan bienestar. Esto no es egoísmo, es autodefinición. Se trata de cuidar nuestro espacio mental, emocional y físico, para que podamos seguir siendo la mejor versión de nosotros mismos. Si no nos damos ese espacio, si seguimos cediendo constantemente a las demandas externas, nos agotamos y perdemos nuestra autenticidad. El amor propio se trata de preservar lo que es nuestro, de proteger nuestra energía.

El amor propio también es el primer paso para sanar. Cuando nos amamos, no nos castigamos por nuestros errores. Nos permitimos aprender de ellos sin juicio. La autocompasión es la herramienta que nos permite reconocer nuestros fracasos sin hundirnos en ellos. Al igual que un amigo cercano, que nos sostiene en los momentos de debilidad, el amor propio nos abraza cuando caemos. Nos recuerda que nuestras caídas no nos definen, sino que son simplemente oportunidades para levantarnos con mayor sabiduría.

Es interesante cómo, a veces, buscamos el amor fuera de nosotros mismos, esperando que otra persona nos dé lo que no sabemos darnos. Pero el amor propio nos enseña que esa dependencia externa es solo una ilusión. El verdadero amor comienza dentro de ti. Es como construir una casa sobre cimientos sólidos. Si los cimientos son fuertes, todo lo demás se mantiene firme, independientemente de las tormentas que puedan venir. Sin esos cimientos, cualquier viento puede derribarnos.

Este amor propio se cultiva día a día, con pequeñas acciones que refuerzan nuestra relación con nosotros mismos. Desde los cuidados físicos, como dormir lo suficiente y alimentarnos bien, hasta los cuidados emocionales, como practicar el perdón y la gratitud. No se trata de una perfección inalcanzable, sino de ser fiel a nuestra naturaleza, de darnos permiso para crecer y mejorar sin esperar que todo sea perfecto. El amor propio es aceptar que somos un trabajo en proceso, que siempre estamos en evolución, y que esa evolución es hermosa.

Cuando te amas a ti mismo, se abren puertas que antes parecían cerradas. Las relaciones sanas florecen porque puedes ofrecer lo mejor de ti mismo sin esperar nada a cambio. El amor propio te permite ser auténtico, sin la necesidad de ponerte máscaras. Te permite abrazar tu vulnerabilidad, porque sabes que esa vulnerabilidad no te hace débil, sino fuerte. El amor propio es el puente que te conecta con lo mejor de ti mismo y con lo mejor de los demás.

El amor propio también tiene el poder de transformar la forma en que ves el mundo. Cuando te amas, ves a los demás con mayor compasión. Dejas de verlos como una amenaza o una competencia y comienzas a verlos como seres humanos en su propio viaje. Esto no solo mejora nuestras relaciones, sino que también nos permite vivir con una mayor paz interior, sabiendo que no necesitamos la validación constante de los demás para sentirnos completos.

En resumen, el amor propio es el principio de todo. Es la fuerza que nos impulsa a vivir de manera auténtica, a cuidarnos a nosotros mismos y a ser nuestra mejor versión. Cuando te amas a ti mismo, todo lo demás en tu vida se transforma. Las puertas se abren, las relaciones florecen, y la paz interior se convierte en una realidad. No es un destino, sino un viaje continuo que se construye a diario. Aprende a amarte, porque ese es el primer paso hacia todo lo que deseas alcanzar en la vida.

PASOS PARA CULTIVAR EL AMOR PROPIO

Reconócete y Acepta Quién Eres
Haz una lista de tus cualidades y logros. Reconoce que eres suficiente tal y como eres, con tus virtudes y tus imperfecciones.

Habla Contigo Mismo con Amabilidad
Cambia la voz crítica por una voz amable. Trátate como tratarías a un buen amigo: con cariño y comprensión.

Establece Límites Saludables
Aprende a decir "no" cuando sea necesario. Protege tu tiempo y energía de las demandas externas que no te benefician.

Perdónate y Aprende de tus Errores
No te quedes atrapado en la culpa. Perdónate por tus fallos, aprende de ellos y sigue adelante con la lección en mente.

Dedica Tiempo a lo que te Hace Feliz
Haz cosas que te hagan sentir bien. Ya sea leer, caminar, pintar o cualquier actividad que te llene de paz y alegría.

Rodéate de Personas Positivas
Busca relaciones que te apoyen y te motiven. Aléjate de quienes te restan energía o te hacen sentir menos.

Celebra tus Logros
Tómate un momento para celebrar cada avance, por pequeño que sea. Reconocer tus éxitos refuerza tu autoestima.

Cuida tu Cuerpo y Mente
Duerme lo necesario, aliméntate bien y ejercítate. Cuida tu salud física y mental como un acto de respeto hacia ti mismo.

CAPÍTULO XIV:

EL CUIDADO QUE LLEGA TARDE

Hoy, más que nunca, somos testigos de una paradoja que refleja lo que ha cambiado nuestra sociedad: personas mayores corriendo en los parques, cuidando su cuerpo con la misma energía con la que alguna vez cuidaron sus sueños, mientras que los adolescentes de hoy se pierden en la luz de una pantalla, dormidos ante la tentación de un mundo virtual que nunca duerme. Es curioso cómo, a veces, parece que las lecciones más importantes de la vida se aprenden cuando ya no hay marcha atrás.

Vivimos en una era donde el cuerpo, que es nuestro único refugio durante toda nuestra existencia, se convierte en un último pensamiento, una preocupación que solo llega cuando se está al borde del colapso. Nos hemos alejado de la naturaleza, del movimiento libre, del juego, de la actividad física que alguna vez fue la norma. En su lugar, estamos encadenados a un estilo de vida sedentario, dependientes de tecnologías que, paradójicamente, nos ofrecen comodidad mientras nos roban el vigor.

¿Por qué nos damos cuenta tan tarde de que debemos cuidar nuestra salud? Quizás porque la juventud nos engaña, nos hace creer que somos invencibles, que el cuerpo no envejece, que las consecuencias de la inactividad no llegarán nunca. Es fácil dejarse llevar por la comodidad del momento y pensar que el futuro siempre será tiempo suficiente para cambiar. Pero el tiempo, como un partido de fútbol, no se detiene. Y el costo de no cuidar lo que somos es mucho más alto de lo que imaginamos.

"No esperes a que el reloj te avise que es tarde. Empieza hoy, y el futuro te lo agradecerá."

La comparación entre las generaciones actuales y pasadas no es un juicio, sino una reflexión. Hoy, mientras algunos adultos mayores toman la iniciativa de cuidar su salud, los jóvenes parecen desconectados de la importancia de la actividad física. La tecnología nos ha hecho más conectados que nunca, pero nos ha desconectado de lo más esencial: nosotros mismos. Estamos más cerca de las noticias, las redes sociales y los videojuegos, pero cada vez más lejos de sentirnos bien en nuestra propia piel.

¿Qué será que nos damos cuenta tarde? ¿Será que nos dejamos atrapar por la ilusión de la juventud eterna, por la falsa creencia de que siempre habrá tiempo para cambiar? Puede ser. Pero lo que no nos dicen es que las pequeñas decisiones de hoy tienen un impacto inmediato y duradero. Esas pequeñas decisiones, como levantarse temprano, caminar al aire libre, comer con conciencia, son las que marcan la diferencia. No se trata de hacer todo de golpe, sino de dar esos pequeños pasos, los que parecen insignificantes, pero que cuando se suman, se convierten en los pilares de una vida saludable.

A veces, las respuestas no están en lo que se nos dice, sino en lo que decidimos hacer. Los tiempos han cambiado, es cierto, y con ellos ha llegado el sedentarismo, pero también han llegado nuevas oportunidades. Porque si bien es cierto que las distracciones tecnológicas nos han alejado de la actividad física, también lo es que la misma tecnología puede ser utilizada como un aliado. Hay aplicaciones, videos, y entrenamientos virtuales que nos invitan a movernos. La clave no está en la tecnología en sí, sino en cómo la utilizamos.

El futuro está lleno de oportunidades, y las decisiones que tomemos hoy definirán cómo viviremos esos años. Nadie puede prever lo que nos depara el destino, pero lo que sí podemos hacer es tomar las riendas de nuestra vida hoy mismo. Quizás ya es tarde para cambiar lo que no hicimos en el pasado, pero siempre habrá un nuevo amanecer, una nueva oportunidad para empezar a cuidarnos.

La reflexión es clara: el cuerpo no es eterno, pero su valor es incalculable. Mientras algunos buscan respuestas al final del camino, otros las encuentran al cuidar su salud desde el principio. En este capítulo, no solo te invito a reflexionar sobre las lecciones del pasado, sino también a dar esos pasos ahora, a ser consciente de lo que haces con tu cuerpo. Porque el tiempo no espera a nadie, y solo nosotros podemos decidir cuándo será el momento de empezar.

> *"El tiempo no detiene su marcha,*
> *pero puedes decidir cómo caminas en él."*

CAPÍTULO XV:

ADMIRACIÓN CIEGA Y LA FRAGILIDAD DEL ÍDOLO

¿POR QUÉ ADMIRAMOS A DESCONOCIDOS Y RECHAZAMOS A LOS QUE CONOCEMOS?

Nos pasa a todos. Vemos a alguien destacarse en algo y lo colocamos en un pedestal. Puede ser un artista, un deportista, un líder o incluso alguien cercano. Su talento deslumbra, su disciplina impresiona, su carisma hipnotiza. Pero cuando nos acercamos más, cuando descubrimos sus defectos, la admiración se desvanece. Y aquí es donde fallamos.

LA TRAMPA DE LA PERFECCIÓN

Vivimos en un mundo donde se idealiza la perfección. Las redes sociales, los medios y nuestra propia mente nos venden la idea de que los grandes son impecables. Pero nadie es perfecto. Nadie. Ni los genios, ni los líderes, ni los ídolos.

Steve Jobs revolucionó la tecnología, pero era conocido por su temperamento difícil.

Picasso transformó el arte, pero tenía una vida personal caótica.

Michael Jordan dominó el baloncesto, pero sus métodos de liderazgo eran implacables.

Cada persona tiene luz y sombra. Y cuando descubrimos la sombra de alguien a quien admiramos, muchas veces nos sentimos decepcionados, como si hubiéramos sido engañados. Pero la grandeza no radica en la ausencia de defectos, sino en lo que alguien logra A PESAR de ellos.

LA DESILUSIÓN INJUSTA

Cuando vemos a alguien desde lejos, solo vemos su mejor versión. Nos enamoramos de su talento, de sus éxitos, de lo que nos inspira. Pero cuando nos acercamos y descubrimos sus debilidades, a veces lo rechazamos. Es injusto.

Admiramos a alguien por lo que hace bien, pero lo dejamos de admirar por lo que hace mal.

Nos olvidamos de que la admiración no significa perfección, sino respeto por el esfuerzo, la dedicación y el impacto que genera.

LA NUEVA FORMA DE ADMIRAR

Si solo admiramos lo perfecto, no admiraremos a nadie. La verdadera admiración es reconocer que las personas pueden tener defectos, pero eso no borra su talento ni su impacto.

En lugar de desilusionarnos, aprendamos de sus errores.

En lugar de verlos como dioses caídos, entendamos que son humanos.

En lugar de alejarnos, valoremos el equilibrio entre sus virtudes y debilidades.

Porque al final, nadie es solo lo que muestra. Y admirar con los ojos abiertos es mucho más poderoso que admirar con los ojos cerrados.

Analizando a Russell y repasando lo que hemos leído hasta ahora les dejo las siguientes reflexiones

LA INCERTIDUMBRE DEL VIAJE: LA SABIDURÍA DE NO SABERLO TODO

Vivimos en un mundo donde se nos enseña a buscar respuestas, certezas, verdades absolutas. Desde niños, nos dicen que hay caminos definidos, que la vida es una serie de pasos ordenados: estudiar, trabajar, formar una familia, envejecer con sabiduría. Sin embargo, la realidad es más incierta, más impredecible. Como bien afirmaba Bertrand Russell, todo conocimiento humano es incierto, inexacto y parcial. La verdadera sabiduría no está en poseer la certeza absoluta, sino en aceptar que siempre estamos en proceso de aprendizaje.

LA VIDA COMO UN MAR INCIERTO

Navegamos por la existencia como marineros sin un mapa completamente fiable. Podemos tener una brújula, podemos guiarnos por las estrellas, pero nunca tendremos garantía de un mar en calma. Como dice Antonio Machado: "Caminante, no hay camino, se hace camino al andar." Cada decisión que tomamos, cada experiencia que vivimos, va construyendo nuestra realidad. No hay rutas prediseñadas, solo direcciones que elegimos con la mejor información que tenemos en el momento.

EL ERROR COMO MAESTRO

La sociedad nos inculca el miedo a equivocarnos, como si errar fuera sinónimo de fracaso. Pero, ¿acaso no es el error una de las herramientas más poderosas de aprendizaje? Edison, tras fallar cientos de veces antes de perfeccionar la bombilla eléctrica, dijo: "No he fracasado, he encontrado 10.000 maneras que no funcionan." La incertidumbre nos obliga a adaptarnos, a evolucionar. En lugar de temerle, deberíamos verla como la oportunidad constante de mejorar y redefinir nuestro camino.

LA BELLEZA DE LA DUDA

Dudamos del futuro, de nuestras elecciones, de las personas que nos rodean, de nosotros mismos. Pero la duda no es un enemigo. Russell, como buen filósofo escéptico, entendía que el pensamiento crítico es un acto de humildad. "No estar seguro de nada es el principio de la sabiduría", afirmó. La duda nos permite cuestionarnos, nos evita caer en el dogmatismo, nos mantiene abiertos a nuevas ideas y experiencias.

EL AMOR Y LA INCERTIDUMBRE

Amar es el acto más valiente de incertidumbre. No sabemos si seremos correspondidos, no sabemos si el amor durará, pero aun así nos lanzamos al vacío. Jean-Paul Sartre lo expresa así: "El compromiso es un acto, no una palabra." Amamos no porque tengamos garantías, sino porque elegimos hacerlo cada día, a pesar del riesgo.

EL TRABAJO Y LA BÚSQUEDA DE SENTIDO

La mayoría de las personas buscan estabilidad laboral, pero incluso el trabajo está lleno de incertidumbre. La seguridad absoluta no existe. En un mundo que cambia rápidamente, los oficios evolucionan, las profesiones se transforman. Lo importante no es aferrarnos a una única dirección, sino estar dispuestos a adaptarnos, a redescubrirnos. Como dijo Confucio: "Elige un trabajo que ames y no trabajarás un solo día de tu vida." No se trata solo de estabilidad, sino de significado.

LA MUERTE Y EL MISTERIO FINAL

Si hay algo que nos confronta con la incertidumbre, es la muerte. Es el destino inevitable que nadie comprende del todo. Seneca, el estoico romano, nos recuerda: "No es que tengamos poco tiempo, sino que desperdiciamos mucho." En lugar de temer el final, debemos valorar el presente, vivir con intensidad y consciencia. La incertidumbre de la muerte nos enseña la urgencia de la vida.

ACEPTAR EL NO SABER

Si hay una lección que podemos extraer de Russell y de tantos pensadores antes que él, es que el conocimiento es una exploración sin un destino final. La vida no nos da respuestas fáciles, y eso está bien. Aprendemos a convivir con la incertidumbre, a abrazar el misterio, a vivir con la certeza de que nunca lo sabremos todo.

Quizás, después de todo, la verdadera sabiduría sea la capacidad de maravillarnos con el viaje sin exigir un mapa claro. Y, como diría Nietzsche, "Debemos tener caos dentro de nosotros para dar a luz una estrella danzante."

PARTE III
LA SABIDURÍA Y EL CAMINO

(EL CONOCIMIENTO, EL APRENDIZAJE Y LA EXPERIENCIA)

CAPÍTULO XVI:

SABIDURÍA FORJADA EN LA ADVERSIDAD

El aprendizaje profundo rara vez nace de la comodidad. La mente humana está diseñada para adaptarse, pero solo se expande cuando es desafiada, cuando las estructuras de creencias se resquebrajan y el suelo firme se vuelve incierto. Es en el error, el dolor y el sufrimiento donde se construye el conocimiento más sólido. No porque el sufrimiento en sí sea un maestro, sino porque nos obliga a enfrentarnos a nosotros mismos, a revisar nuestras decisiones y a encontrar caminos que antes no considerábamos.

Desde la psicología moderna, el concepto de disonancia cognitiva nos recuerda que el malestar interno es un impulsor clave del cambio. Cuando nuestras creencias y nuestras acciones entran en conflicto, sentimos incomodidad, una tensión psicológica que nos empuja a ajustar nuestra manera de pensar o actuar. No aprender del error es la forma en la que la mente intenta evitar el dolor momentáneo, pero cuando nos permitimos aceptar la falla y reflexionar sobre ella, transformamos la disonancia en crecimiento.

El conocimiento tácito, aquel que no puede ser fácilmente explicado pero que guía nuestras decisiones, se forma a partir de la experiencia vivida, especialmente de aquellas que dejaron cicatrices. Cada caída deja una marca que se convierte en un mapa interno, un esquema de referencias que nos ayuda a navegar mejor en el futuro. Por eso, la teoría sin práctica es insuficiente: nadie aprende a caminar leyendo sobre el equilibrio, ni se fortalece emocionalmente sin haber sentido la vulnerabilidad en carne propia.

El dolor psicológico, aunque temido, tiene una función. Nos enfrenta a nuestras limitaciones, nos obliga a mirarnos sin filtros y nos impulsa a buscar respuestas más profundas. Viktor Frankl, psiquiatra y sobreviviente del Holocausto, escribió que el sufrimiento deja de ser tal en el momento en que le encontramos un propósito. Esto no significa glorificar el sufrimiento, sino entender que tiene la capacidad de darnos una perspectiva que la comodidad nunca nos ofrecerá.

Tomar decisiones desde esta perspectiva implica aceptar que errar es inevitable. Pero no se trata solo de equivocarse, sino de desarrollar la capacidad de extraer significado de la caída. La resiliencia, ese concepto tan mencionado en la psicología contemporánea, no es solo la habilidad de recuperarse del dolor, sino la capacidad de integrar la experiencia y convertirla en sabiduría.

Así como un músculo se fortalece cuando es llevado al límite y luego sanado, la mente se agudiza cuando enfrenta desafíos, procesa el dolor y lo transforma en aprendizaje. En última instancia, las cicatrices no solo cuentan nuestra historia, sino que nos recuerdan que cada herida cerrada es un escalón más en nuestra evolución personal.

Dicen que la verdadera sabiduría no nace del placer, sino de la adversidad. Que el conocimiento real no es un regalo, sino una cicatriz. Aprendemos más cuando la vida nos desgarra, cuando el error nos humilla, cuando el dolor nos obliga a mirar de frente lo que antes evitábamos. Cada herida enseña algo. Cada caída talla una nueva verdad en la mente.

El éxito oculta lo que la derrota enseña

Pero si esto es cierto, si crecer y aprender es el resultado inevitable del sufrimiento, entonces surge una pregunta que no puede ser ignorada: ¿qué hay de la zona de confort?

Porque si el conocimiento nace de la fricción con lo desconocido, de la resistencia, del caos, ¿qué pasa con aquellos que eligen permanecer en una zona segura? ¿Es la zona de confort un refugio o una prisión? Nos dicen que hay que salir de ella, que solo en la incomodidad hay progreso, que lo fácil es enemigo de lo grandioso. Pero, ¿y si eso es solo otra trampa? ¿Y si algunos están condenados a quedarse donde están porque el miedo pesa más que la promesa de crecimiento?

Lo sé por experiencia propia: nada desafía más que moverse hacia lo incierto. El dolor moldea, pero también destruye. La pregunta no es si vale la pena salir de la zona de confort. La pregunta es si puedes permitirte quedarte allí sin pagar un precio aún más alto.

Hablemos en el siguiente capítulo de la famosa zona de confort...

CAPÍTULO XVII:

ROMPER LA ZONA DE CONFORT... ¿O HABITARLA?

Nunca entendí a las personas que se acomodaban en la rutina, que encontraban placer en la estabilidad y el sosiego de lo conocido. Desde joven, mi filosofía era simple: si quería crecer, debía lanzarme al vacío. No había otro camino. Me acostumbré a desafiarme, a empujar los límites de mi mente y mi cuerpo hasta el extremo. Sabía que solo en la incertidumbre surgiría una mejor versión de mí mismo. Y en parte, tenía razón.

Los momentos más duros fueron los que me dieron mayor crecimiento. Cada reto superado expandía mis fronteras y convertía lo imposible en algo alcanzable. Al igual que un músculo que se rompe para fortalecerse, mi mente se moldeaba en ese fuego del esfuerzo y la adversidad. Pero también hubo un precio: el agotamiento.

Cuando el estrés se vuelve la norma, el cuerpo y la mente empiezan a fallar. No es inmediato, pero es inevitable. Pasé años en un estado de tensión constante, con la adrenalina como combustible. Saltaba de un desafío a otro sin darme tregua, creyendo que la comodidad era una trampa, un enemigo al que había que evitar a toda costa. Y en parte, también estaba equivocado.

Con el tiempo comprendí algo fundamental: la zona de confort no es el enemigo. Es el refugio que permite procesar el crecimiento antes de volver a desafiarse. No se trata de vivir en un constante estado de lucha, sino de encontrar el equilibrio entre el desafío y el descanso, entre el crecimiento y la estabilidad.

La psicología moderna lo confirma. El estrés crónico puede llevar a la fatiga mental, la ansiedad y el agotamiento físico. El aprendizaje y el crecimiento ocurren cuando hay un nivel de desafío adecuado, pero también cuando hay espacios para reflexionar y asimilar lo aprendido. De hecho, en el estudio de la neurociencia del aprendizaje, se ha descubierto que el cerebro necesita periodos de reposo para consolidar nuevas conexiones neuronales.

Imagina un atleta que entrena sin descanso. Al principio, verá mejoras rápidas en su desempeño, pero con el tiempo, si no permite que su cuerpo se recupere, el sobreentrenamiento lo llevará a lesiones, fatiga crónica y eventualmente al colapso. La mente funciona de la misma manera. Necesitamos desafíos, pero también pausas para integrar el cambio.

Entonces, ¿cómo encontrar ese equilibrio?

No se trata de evitar el desconcierto ni de huir del desafío. Se trata de aprender a medir nuestros propios límites. De saber cuándo es momento de dar un salto y cuándo es mejor descansar, disfrutar del espacio conquistado y prepararse para el próximo reto.

La zona de confort no es una prisión si se sabe cómo utilizarla. Es una base, un hogar desde el cual podemos lanzarnos al mundo sin perdernos en él. Es el lugar donde recargamos energía antes de volver a desafiar lo imposible. Y es, también, el lugar donde aprendemos a disfrutar de lo que hemos construido.

Quedarse en la zona de confort por miedo al cambio es limitarse, pero salir de ella sin descanso es desgastarse. La verdadera sabiduría está en encontrar el punto intermedio: desafiarse, crecer, pero también aprender a pausar, a valorar lo que se ha logrado y a respetar los ciclos naturales del desarrollo humano.

He aprendido que la vida no es una carrera de resistencia sin fin. Es más bien una serie de estaciones, algunas de aceleración y otras de descanso. Ambos momentos son igual de importantes. Porque crecer sin pausa puede ser tan peligroso como nunca crecer en absoluto.

Si hay algo que quisiera haber entendido antes, es esto: el equilibrio no es conformismo. Es inteligencia. Es saber cuándo avanzar y cuándo respirar. Y esa, quizá, es la lección más valiosa que la vida me ha dado. es que creo es una de las mejores formas de aprender a valorarte respetarte a ti mismo, elevarte como persona es una de las maneras más inteligentes de pasar el resto de tu vida.

CAPÍTULO XVIII:

EL SEMÁFORO ROJO: CUANDO LA COMPLACENCIA TE DETIENE

¿**P**or qué cuando estamos en la primera fila de un semáforo en rojo tendemos a distraernos? Es algo curioso. Uno está ahí, esperando que cambie la luz, confiado, relajado. Y cuando menos lo esperas, el de atrás toca la bocina porque ya es verde y no arrancaste. No es que uno quiera demorarse, simplemente hay una especie de relajación automática, como si estar en la primera posición nos diera el derecho de desconectarnos por un momento. Lo mismo pasa en la vida y en el deporte.

Cuando un equipo está en la cima de la tabla, muchas veces el verdadero enemigo no es el rival, sino la relajación. Es fácil caer en la trampa del conformismo cuando todo está saliendo bien. "Ya estamos arriba, no hay que preocuparnos tanto", pensamos. Y de repente, sin darnos cuenta, bajamos la intensidad en los entrenamientos, descuidamos la alimentación, las horas de sueño, las rutinas que nos llevaron a ese punto. Creemos que el trabajo ya está hecho, que no necesitamos la misma disciplina que antes. Y es ahí cuando el descenso comienza, muchas veces sin que nos demos cuenta.

Lo mismo le pasa a un jugador cuando llega a un equipo nuevo y lo tratan como una estrella. La atención, las facilidades, la admiración del entorno pueden convertirse en una trampa. Se deja llevar por la comodidad y pierde de vista la razón por la que está ahí: rendir, entrenarse, crecer. "El éxito es peligroso. Uno comienza a copiarse a sí mismo, y lo peor es que uno se vuelve complaciente", decía Picasso. Y tiene razón: cuando crees que ya lo tienes todo, bajas la guardia, y es justo ahí donde comienzas a perderlo.

Esta complacencia no solo ocurre en el deporte, sino en muchos ámbitos de la vida. En el trabajo, cuando alguien consigue un ascenso y siente que ya llegó a la meta, deja de aprender, de esforzarse como antes. En las relaciones, cuando una pareja lleva mucho tiempo junta y deja de sorprenderse, de hacer pequeños gestos, de cuidar la relación. En la salud, cuando alguien se siente fuerte y deja de prestar atención a su cuerpo, hasta que un día recibe una señal de advertencia. "El éxito es un pésimo maestro. Seduce a la gente inteligente para que piense que no puede perder", dijo Bill Gates. Y eso es exactamente lo que sucede cuando la complacencia se apodera de nosotros.

El semáforo rojo es esa pausa engañosa que nos hace creer que podemos relajarnos, cuando en realidad deberíamos estar más atentos. "Lo difícil no es llegar a la cima, sino mantenerse en ella", decía André Gide. El éxito, en cualquier área, no es un destino final, es un estado que requiere mantenimiento, dedicación y disciplina constante. Si no nos damos cuenta a tiempo, el semáforo cambia y nos quedamos atrás.

Piensa en un maratonista que lidera la carrera, pero que, confiado en su ventaja, baja el ritmo. Mientras tanto, los demás siguen avanzando, sin perder la intensidad. Y cuando se da cuenta, ya es tarde. El liderazgo no es un privilegio, es una responsabilidad que exige compromiso constante.

¿Qué pasaría si, en lugar de ver el semáforo rojo como un momento de distracción, lo viéramos como una oportunidad para anticiparnos al próximo movimiento? ¿Si en vez de desconectarnos, nos enfocáramos en lo que viene? En el fútbol, en la vida, en cualquier cosa que hagamos, el verdadero reto no es llegar primero, sino mantenernos en la carrera con la misma intensidad con la que empezamos.

El semáforo cambiará a verde. Y cuando lo haga, más vale que estemos listos para arrancar sin que nos tengan que tocar la bocina.

El fracaso inicia donde cesa el esfuerzo!

El conocimiento humano ha sido una de las interrogantes más profundas y perdurables de la filosofía. Desde los tiempos de los antiguos griegos hasta la era moderna, los pensadores han debatido sobre qué es el conocimiento, cómo lo adquirimos y, sobre todo, hasta qué punto podemos confiar en él. Esta cuestión no solo pertenece al ámbito abstracto de la teoría, sino que toca las fibras más esenciales de nuestra vida cotidiana, nuestra interacción con el mundo y nuestra percepción de la realidad. Bertrand Russell, en su obra "El conocimiento humano: su alcance y sus límites", reflexiona sobre estas cuestiones con un enfoque crítico, enraizado en el empirismo, pero sin renunciar al rigor de la lógica y la ciencia. Al presentar su visión, nos invita a cuestionar la naturaleza del conocimiento, reconociendo que no es absoluto ni inmutable, sino que se encuentra en un proceso constante de construcción y revisión.

Este análisis nos lleva a una reflexión más profunda, que va más allá de las teorías y abarca la experiencia individual de cada ser humano. El conocimiento no solo se construye a través de la razón y el método científico, sino también mediante las vivencias personales, la intuición y las emociones que acompañan nuestra existencia. Así, el conocimiento se convierte en algo dinámico, sujeto tanto a las influencias culturales e históricas como a las transformaciones sociales. En el capítulo que sigue, abordaremos cómo estos elementos interactúan en la construcción del conocimiento, explorando no solo su valor práctico, sino también los desafíos contemporáneos a los que nos enfrentamos en un mundo sobresaturado de información, en el cual distinguir entre lo verdadero y lo falso se convierte en un acto de reflexión constante.

CAPÍTULO XIX:

"EL CONOCIMIENTO HUMANO: ENTRE LA RAZÓN, LA EXPERIENCIA Y LA INCERTIDUMBRE"

El conocimiento humano ha sido una de las cuestiones fundamentales de la filosofía desde tiempos inmemoriales. Nos preguntamos qué podemos saber, cómo lo sabemos y hasta qué punto nuestro conocimiento es confiable. Bertrand Russell, en su obra "El conocimiento humano: su alcance y sus límites", explora la naturaleza del conocimiento y la relación entre la percepción, la razón y la ciencia. Sin embargo, más allá de su análisis detallado y sistemático, el conocimiento sigue siendo una experiencia personal e intuitiva, algo que cada individuo construye a lo largo de su vida, moldeado por sus circunstancias, su educación y sus propias reflexiones.

A lo largo de la historia, la humanidad ha intentado definir el conocimiento a través de diferentes paradigmas. En la antigüedad, los filósofos griegos distinguían entre la doxa (opinión) y la episteme (conocimiento verdadero). Platón argumentaba que el conocimiento debía estar basado en la razón y las ideas eternas, mientras que Aristóteles introdujo la idea del conocimiento basado en la observación y la experiencia. Con el tiempo, estas concepciones evolucionaron y fueron desafiadas por el empirismo y el racionalismo, dando lugar a debates sobre si el conocimiento proviene de la experiencia sensorial o de la deducción lógica.

Russell se sitúa en la tradición empirista, pero con una perspectiva moderna que incorpora la lógica y la ciencia. Para él, el conocimiento no es absoluto ni incuestionable, sino que está sujeto a revisión constante. La ciencia, con su método basado en la observación y la experimentación, es el modelo más confiable de adquisición de conocimiento, aunque siempre queda la posibilidad de error y falsificación. En este sentido, el conocimiento no es algo estático, sino dinámico y en construcción permanente.

Pero más allá del conocimiento científico, existe un tipo de conocimiento más subjetivo y personal: aquel que construimos a través de nuestras experiencias de vida. La intuición, los sentimientos y la percepción juegan un papel clave en nuestra comprensión del mundo. No todo lo que sabemos puede ser reducido a fórmulas matemáticas o leyes universales. Existen verdades que solo pueden ser comprendidas desde la vivencia individual, desde la introspección y la relación con los demás. Aquí es donde el conocimiento adquiere una dimensión más humana y menos formal.

Si consideramos el conocimiento desde una perspectiva práctica, nos damos cuenta de que muchas de las certezas que sostenemos a diario no están basadas en pruebas absolutas, sino en la confianza, la tradición y la utilidad. La vida cotidiana está llena de creencias que asumimos sin cuestionar, porque funcionan y nos permiten desenvolvernos en sociedad. Sin embargo, cuando nos detenemos a reflexionar, descubrimos que muchas de estas creencias pueden estar equivocadas o ser incompletas. El pensamiento crítico y la duda son herramientas esenciales para depurar nuestro conocimiento y acercarnos a la verdad, aunque nunca la alcancemos de manera definitiva.

El conocimiento también está condicionado por el contexto cultural e histórico en el que nos encontramos. Lo que una sociedad considera conocimiento válido en una época puede ser descartado en otra. La historia de la ciencia es un claro ejemplo de esto: muchas teorías que en su momento fueron consideradas verdades indiscutibles hoy se ven como errores o aproximaciones imperfectas. Esto nos lleva a cuestionarnos hasta qué punto podemos confiar en lo que sabemos y qué significa realmente conocer algo.

Además, el conocimiento no solo es individual, sino también colectivo. Se construye a través del diálogo, la educación y la interacción con otras personas. Cada generación hereda el conocimiento acumulado por las anteriores, pero también lo transforma y lo amplía. La comunicación y el intercambio de ideas son fundamentales para el avance del conocimiento, ya que permiten contrastar perspectivas y corregir errores. Sin embargo, en la era de la información, nos enfrentamos a un problema nuevo: la sobrecarga de datos y la dificultad de distinguir entre conocimiento legítimo y desinformación.

Vivimos en un mundo donde el acceso a la información es inmediato, pero esto no significa que tengamos un mejor conocimiento. La abundancia de datos puede generar confusión en lugar de claridad. Internet nos brinda una cantidad infinita de información, pero no siempre nos enseña a evaluar su veracidad ni a interpretar su significado. Aquí es donde la educación juega un papel crucial: no basta con tener acceso a la información, sino que es necesario desarrollar la capacidad de pensar críticamente y discernir entre lo que es fiable y lo que no lo es.

Otro aspecto interesante del conocimiento es la relación entre lo que sabemos y lo que ignoramos. A medida que aprendemos más, nos damos cuenta de que hay muchas cosas que desconocemos. Esta paradoja ha sido señalada por numerosos filósofos a lo largo de la historia: cuanto más ampliamos nuestro conocimiento, más conscientes somos de nuestra ignorancia. El conocimiento, en este sentido, no es solo la acumulación de información, sino también la capacidad de reconocer nuestros propios límites y estar abiertos a nuevas perspectivas.

En última instancia, el conocimiento humano es un proceso en constante evolución. No hay una respuesta definitiva a la pregunta de qué es el conocimiento ni un método único para adquirirlo. Se trata de un equilibrio entre razón y experiencia, entre lo objetivo y lo subjetivo, entre la certeza y la duda. Tal vez la actitud más sabia sea aquella que reconoce que el conocimiento nunca es absoluto, pero que, a pesar de ello, seguimos buscando entender el mundo de la mejor manera posible. En esta búsqueda, la humildad intelectual y la curiosidad son nuestras mejores aliadas, pues nos permiten seguir explorando sin caer en dogmatismos ni en la desesperanza de la incertidumbre absoluta.

Los seres humanos han intentado desentrañar las complejidades de la conducta humana. Filósofos, psicólogos y sociólogos han propuesto diversas teorías para explicar cómo tomamos decisiones, cómo nos relacionamos con los demás y cómo nos adaptamos al entorno. Sin embargo, pocos enfoques han sido tan influyentes y profundos como la teoría del condicionamiento operante de B.F. Skinner. Skinner, uno de los psicólogos más destacados del siglo XX, argumentó que nuestras acciones no son simplemente el resultado de un libre albedrío abstracto, sino que son producto de una serie de interacciones con el entorno que nos rodea. A través de premios, castigos y reforzamientos, nuestro comportamiento se moldea y redefine constantemente.

En este capítulo, exploraremos cómo los principios del condicionamiento operante se manifiestan en nuestra vida diaria, desde la formación de nuestra identidad hasta los mecanismos de refuerzo y castigo que guían nuestras decisiones y comportamientos. Al comprender el papel que juega el entorno en la construcción de la personalidad y el comportamiento, podemos comenzar a tomar control sobre las fuerzas que modelan nuestra existencia cotidiana.

LA CONDUCTA HUMANA Y LA VIDA COTIDIANA

El ser humano, lejos de ser una entidad con un libre albedrío absoluto, es el resultado de una historia de interacciones con su entorno. Cada elección, cada acción y cada pensamiento está moldeado por las experiencias previas y los refuerzos que hemos recibido a lo largo de nuestra vida. La teoría de Skinner nos ofrece una ventana para comprender cómo nuestra existencia cotidiana está influenciada por principios de aprendizaje y condicionamiento.

LA IDENTIDAD COMO PRODUCTO DEL ENTORNO

Desde el nacimiento, el ser humano es un organismo en constante adaptación. Nuestras conductas no son innatas, sino el reflejo de un proceso de aprendizaje donde el ambiente juega un papel determinante. Un niño criado en un hogar donde el esfuerzo es recompensado con elogios y oportunidades aprenderá que el trabajo arduo tiene valor. Por el contrario, aquel que crece en un entorno donde la disciplina se impone con castigos severos puede desarrollar miedo y evitación en lugar de motivación.

La identidad, entendida como la suma de nuestras conductas y pensamientos recurrentes, es un reflejo de los refuerzos y castigos que hemos experimentado. Las preferencias, los hábitos y las decisiones están moldeados por lo que ha sido reforzado o castigado en nuestra historia de vida. De este modo, el concepto de "yo" no es una entidad fija, sino una construcción dinámica influenciada por el medio.

EL PODER DEL REFUERZO EN LA VIDA DIARIA

Cada día, sin darnos cuenta, estamos sometidos a un sistema de refuerzos que guía nuestras acciones. Desde el placer de recibir un "me gusta" en redes sociales hasta el reconocimiento en el trabajo, nuestra conducta está continuamente reforzada por estímulos positivos o negativos.

Refuerzo Positivo: Si una persona recibe cumplidos por su vestimenta, es probable que repita ese estilo en el futuro.

Refuerzo Negativo: Si alguien evita una conversación incómoda y siente alivio, es probable que en el futuro evite situaciones similares.

Estos mecanismos nos empujan a repetir ciertas conductas y abandonar otras, creando patrones de comportamiento que definen nuestra forma de vivir.

EL CASTIGO Y SUS EFECTOS EN LA PERSONALIDAD

Si bien el castigo puede eliminar conductas indeseadas, Skinner demostró que no es la estrategia más efectiva para el aprendizaje. En la vida cotidiana, el castigo genera efectos colaterales que pueden ser perjudiciales. Un niño que es castigado físicamente por hablar en clase puede aprender a callar, pero también puede desarrollar miedo a expresar sus ideas. Un empleado que recibe reprimendas constantes puede volverse menos creativo y más temeroso de cometer errores, limitando su desempeño.

La mejor manera de modificar la conducta no es a través del castigo, sino reforzando conductas alternativas. Una sociedad basada en la recompensa y en la retroalimentación positiva fomentará individuos con mayor confianza y motivación.

LA SOCIEDAD COMO UN GRAN EXPERIMENTO CONDUCTUAL

Los principios de Skinner no solo afectan a nivel individual, sino también en la estructura de la sociedad. Gobiernos, empresas y sistemas educativos utilizan el condicionamiento para moldear el comportamiento de las masas.

En la publicidad, se refuerzan ciertos hábitos de consumo mediante la asociación con placer y estatus.

En la política, se utilizan recompensas (como promesas de bienestar) para ganar apoyo electoral.

En la educación, se implementan sistemas de incentivos para mejorar el rendimiento académico.

De esta manera, vivimos en un mundo donde el aprendizaje conductual está en la base de nuestras interacciones sociales y económicas.

REFLEXIÓN FINAL

Comprender que nuestra conducta es el resultado del entorno y del condicionamiento nos da una herramienta poderosa: el autoconocimiento. Al identificar los refuerzos que nos han llevado a ser quienes somos, podemos tomar el control sobre nuestra propia programación y redirigir nuestro comportamiento hacia el crecimiento personal y el bienestar.

Skinner no negó la posibilidad del cambio, sino que nos mostró el camino para lograrlo. Si deseamos transformar nuestra vida, debemos modificar los estímulos que nos rodean, crear sistemas de refuerzo efectivos y evitar el uso excesivo del castigo. En nuestras manos está la posibilidad de diseñar un entorno que fomente la mejor versión de nosotros mismos.

CAPÍTULO XX:

LA VERDAD Y SUS SOMBRAS

magina que caminas por un sendero en medio de una densa niebla. Cada paso que das parece acercarte a la claridad, pero justo cuando crees haber encontrado el camino definitivo, la bruma se mueve y la perspectiva cambia. Así es la búsqueda de la verdad: un viaje donde lo absoluto parece escurrirse entre los dedos como arena fina.

Nos han enseñado a buscar respuestas, a creer que existe una verdad última, una certeza inquebrantable que rige el mundo. Pero ¿qué ocurre cuando descubrimos que la verdad no es una roca firme sino un río en constante movimiento? Decir que "no hay verdad absoluta" es, en sí mismo, una afirmación absoluta, y ahí radica la paradoja que nos reta a pensar más allá de lo evidente.

LA VERDAD COMO UN ESPEJO ROTO

Piensa en un espejo hecho añicos. Cada fragmento refleja una parte de la realidad, pero ninguno la muestra en su totalidad. Nuestra comprensión del mundo funciona de manera similar. Cada persona, cada cultura, cada época histórica, posee un pedazo de esa verdad, pero ninguna la tiene completa. Creemos ver la imagen completa cuando, en realidad, solo observamos un reflejo parcial.

Las verdades objetivas son aquellas que parecen mantenerse inalterables, como las leyes de la física que rigen el universo. Sin embargo, incluso en la ciencia, lo que hoy consideramos verdad puede ser revisado mañana. La gravedad de Newton funcionó bien hasta que Einstein nos mostró que el espacio y el tiempo también juegan su papel. ¿Significa eso que Newton estaba equivocado? No del todo. Solo significa que la verdad, como un mapa viejo, debe actualizarse conforme avanzamos en nuestro conocimiento.

EL PRISMA DE LA PERCEPCIÓN

La verdad no solo es un tema de hechos objetivos; también es una cuestión de percepción. Dos personas pueden presenciar el mismo evento y dar versiones distintas de lo ocurrido. No porque una mienta, sino porque cada una lo filtra a través de su experiencia, sus emociones y sus creencias. Es como ver la luz pasar por un prisma: el mismo rayo puede descomponerse en múltiples colores.

Pensemos en una discusión entre amigos. Ambos están convencidos de que tienen razón, y ninguno miente. ¿Cuál es la verdad, entonces? La respuesta podría estar en que la verdad no es una sola línea recta, sino un tapiz tejido con múltiples hilos. A veces, lo más sabio no es imponer nuestra visión, sino aprender a observar todas las piezas del rompecabezas.

EL PELIGRO DE LAS VERDADES INAMOVIBLES

Aferrarse a una única versión de la verdad puede ser tan peligroso como navegar con un mapa desactualizado. A lo largo de la historia, muchas ideologías han provocado conflictos porque sus seguidores creyeron poseer la única verdad posible. Religiones, filosofías, sistemas políticos... todos han caído en la trampa de la certeza absoluta. Pero la verdadera evolución ocurre cuando aceptamos la duda como parte del proceso.

En la vida cotidiana, esto se refleja en nuestras relaciones. ¿Cuántas veces hemos discutido con alguien por negarnos a considerar otra perspectiva? ¿Cuántas oportunidades hemos perdido por aferrarnos a una única manera de ver las cosas? La flexibilidad para cuestionar nuestras propias verdades nos permite crecer y comprender mejor el mundo que nos rodea.

REFLEXIÓN LA VERDAD COMO UN HORIZONTE

La verdad no es un destino al que se llega, sino un horizonte que se expande conforme avanzamos. Como un viajero que siempre encuentra un nuevo paisaje más allá de la colina, debemos aprender a caminar con la humildad de saber que nuestras certezas de hoy pueden ser nuestras dudas de mañana.

No se trata de renunciar a la búsqueda de la verdad, sino de entender que esa búsqueda no tiene un final absoluto. Se trata de aprender, de desaprender, de mirar desde distintos ángulos y, sobre todo, de estar abiertos a la posibilidad de que la verdad, como la vida misma, es un juego de luces y sombras en constante movimiento.

CAPÍTULO XXI:

DEL ARREPENTIMIENTO

Y cómo no hablar de fútbol cuando ha sido el escenario donde he vivido, crecido y aprendido durante más de 14 años. Cinco países, distintos equipos, innumerables compañeros, entrenadores y rivales. Cada estadio, cada vestuario, cada ciudad han sido aulas donde el fútbol me enseñó más de lo que imaginaba. No solo sobre el juego, sino sobre la vida.

He conocido muchas culturas, formas de pensar y maneras de entender el mundo, todo a través de una pelota que gira sin fronteras. Pero más allá de la táctica, la técnica o la preparación física, lo que realmente deja huella en este deporte es la gente. Las historias que cada persona carga consigo, los sueños que persiguen y las derrotas que enfrentan. Porque el fútbol, como la vida, es una metáfora en movimiento.

Y entre tantas experiencias, una de las lecciones más grandes que aprendí es que no hay peor partido perdido que aquel que te deja con la sensación de querer volver a jugarlo.

CAPÍTULO XXII:

EL PARTIDO QUE NUNCA VOLVERÁ

No hay peor partido perdido que aquel que te deja con la sensación de querer volver a jugarlo. Esa sensación de vacío, de que algo faltó, de que no diste todo lo que podías. En la vida, como en el fútbol, hay derrotas que duelen más por lo que dejamos de hacer que por lo que el rival hizo. Cuando entregamos hasta la última gota de esfuerzo y aún así no alcanzamos la victoria, la derrota duele, pero no pesa. Sabemos que el destino nos puso una barrera que, en ese momento, no pudimos superar. Pero cuando la derrota viene acompañada del pensamiento de "pude haber hecho más", esa es la que se queda clavada en el alma, como un penal fallado en el último minuto.

El fútbol, como la vida, no es solo de merecimientos. Puedes entrenar más, tener el mejor equipo, la mejor táctica y la mejor preparación, pero si no lo dejas todo en el campo, puedes ser vencido por alguien que simplemente lo quiso más. Porque en la vida, como en la cancha, hay momentos donde no basta con ser bueno, hay que demostrarlo con entrega. Pensemos en la vida como un gran torneo. Cada día es un partido, y cada decisión es una jugada clave. A veces, nos encontramos con rivales más fuertes, con circunstancias que parecen estar en nuestra contra, pero lo único que depende de nosotros es cuánto estamos dispuestos a luchar. No se trata solo de tener talento o conocimiento, sino de cuánto corazón ponemos en cada desafío.

El arrepentimiento es un marcador que no se borra. No hay peor sensación que mirar atrás y darse cuenta de que el partido de nuestra vida pasó sin que lo jugáramos con intensidad. Que tuvimos oportunidades y no las aprovechamos. Que nos conformamos con dar menos de lo que podíamos. En cualquier ámbito el deporte, el trabajo, las relaciones personales existen dos tipos de derrotas: la que nos enseña y la que nos persigue. La primera es aquella donde dimos todo y simplemente no fue suficiente. La segunda es la que nos deja preguntándonos "¿y si hubiera hecho más?"

Piensa en un estudiante que llega al examen final sabiendo que no estudió lo suficiente. Piensa en un emprendedor que dejó pasar una oportunidad porque tenía miedo de arriesgarse. Piensa en una relación que se rompió porque uno de los dos no luchó lo suficiente. Son partidos que quisieran volver a jugar, pero la vida no siempre ofrece una revancha. En el fútbol hay equipos que no son los más talentosos, pero se ganan el respeto y la admiración porque dejan todo en la cancha. No tienen los mejores jugadores ni la mejor táctica, pero pelean cada balón como si fuera el último. Y al final, el público los recuerda no por los trofeos que levantaron, sino por la pasión que demostraron.

Así es en la vida. No siempre seremos los más preparados, los más inteligentes o los más fuertes. Pero podemos ser los que más entrega ponemos en lo que hacemos. Podemos ser los que se levantan después de cada caída y siguen corriendo, aunque las piernas duelan. Porque al final del partido, lo único que importa no es si ganamos o perdimos, sino si podemos mirarnos al espejo y decir: "Lo di todo". Si hoy fuera tu último día en la cancha de la vida, ¿cómo lo jugarías? ¿Saldrías a dar lo mejor de ti, o te quedarías esperando otra oportunidad? No sabemos cuántos partidos nos quedan, así que la única opción es dejar el alma en cada jugada, en cada reto, en cada sueño.

No se trata de ganar siempre. Se trata de jugar con honor, con pasión, con la certeza de que cuando el árbitro final del destino pite el final del partido, podamos salir con la cabeza en alto, sin arrepentimientos, sabiendo que lo dejamos todo. Porque el peor partido perdido no es el que aparece en el marcador. Es el que se queda en el corazón con la espina de saber que pudimos haber dado más.

LUEGO EN LA VIDA MISMA

La lección del capítulo anterior en el fútbol aplica para la vida misma. No se trata solo de un juego, sino de una filosofía que trasciende el deporte y se convierte en un principio universal: hay que darlo todo, porque nunca sabemos quién nos está observando ni qué oportunidades pueden presentarse cuando decidimos hacer algo con excelencia.

A lo largo de la vida, nos encontramos con momentos en los que pensamos que nuestras acciones pasan desapercibidas, que el esfuerzo que ponemos en algo quizá no tenga relevancia, que si damos un poco menos, nadie lo notará. Pero la verdad es que nunca sabemos quién nos está observando, qué puertas pueden abrirse en los lugares menos esperados y qué oportunidades pueden surgir simplemente porque decidimos hacer algo con excelencia, aun cuando nadie parecía prestar atención.

Imagina a una persona que está comenzando en un nuevo empleo. Podría hacer lo mínimo indispensable, cumplir con su jornada y salir sin mayor esfuerzo, como tantos otros. Pero también puede elegir destacarse, hacer su trabajo con dedicación, prestar atención a los detalles, aprender más de lo que se le exige. Lo que no sabe es que, en algún momento, alguien tomará nota de su actitud. Puede ser un supervisor, un compañero o incluso alguien externo que observe su ética de trabajo y decida darle una oportunidad inesperada. Quizás en ese instante no vea los frutos de su esfuerzo, pero más adelante, cuando surja una promoción, una recomendación o una propuesta que cambiará su vida, recordará cada momento en el que decidió dar más de sí mismo.

Lo mismo sucede con cada acción que realizamos. Una persona que ayuda a alguien en un momento de necesidad sin esperar nada a cambio puede, sin darse cuenta, estar dejando una huella imborrable. Puede estar generando confianza en alguien que, en el futuro, le ofrecerá una oportunidad invaluable. Puede estar sembrando en el presente algo que dará frutos en el momento menos esperado. Porque la vida tiene una forma misteriosa de recompensar el esfuerzo genuino, el compromiso silencioso y la excelencia constante.

Es fácil caer en la trampa de la mediocridad cuando no hay un incentivo inmediato, cuando nadie parece estar observando. Pero la diferencia entre quienes alcanzan grandes cosas y quienes se quedan en la sombra es precisamente la disciplina de hacer lo correcto sin necesidad de un reconocimiento inmediato. La persona que trabaja en silencio, que se esfuerza sin testigos, que busca la excelencia incluso en lo más pequeño, es aquella que, tarde o temprano, verá su esfuerzo reflejado en grandes resultados.

En cualquier ámbito de la vida, ya sea en el trabajo, en las relaciones, en los proyectos personales, hay que darlo todo. No porque alguien más lo exija, sino porque la satisfacción de haberlo hecho bien es una recompensa en sí misma. Porque nunca sabemos quién está observando, qué oportunidad inesperada puede surgir, qué puertas pueden abrirse simplemente porque decidimos hacer las cosas con pasión y entrega.

Al final, el esfuerzo nunca es en vano. Puede que no veamos el impacto de inmediato, pero cada acción bien hecha deja una marca, cada sacrificio hecho con convicción construye un camino y cada decisión de dar lo mejor de nosotros mismos nos prepara para recibir aquello que el destino tiene reservado para quienes no temen entregarse por completo.

CAPÍTULO XXIII:

LA HISTORIA DE LA BODEGA Y EL JUEGO QUE NUNCA IMAGINÉ

"El peor partido perdido no es el que aparece en el marcador, sino el que se queda en el corazón con la espina de saber que pudimos haber dado más".

así comenzaba el capítulo, y en ese mismo sentimiento de arrepentimiento encontré mi propio "partido perdido". Durante un tiempo, estuve atrapado en un ciclo que no parecía tener salida. Mi vida, en ese momento, no era un campo de fútbol, sino un tablero en el que me encontraba moviéndome sin saber a dónde iba. Después de haber sido campeón en Panamá, mi carrera parecía desmoronarse en Chile. Trabajaba en empleos que no reflejaban ni de cerca el sentido de mi vida ni mi propósito. De hacer vinos a ser mesonero, bodeguero, y finalmente, conductor de Uber. Ninguno de esos trabajos me daba lo que necesitaba para vivir, y mucho menos para sentirme tranquilo.

En medio de esa tormenta, sentí que no podía más. Cada mañana era un desafío solo levantarme de la cama. La depresión me rodeaba como una niebla espesa, oscureciendo mi visión y mi ánimo. Pero el fútbol, la pasión que siempre me había acompañado, seguía ahí, como una llama tenue que no se apagaba, esperando que yo decidiera avivarla. Sin embargo, el destino tenía que darme un empujón.

> *"La vida tiene una forma misteriosa de recompensar el esfuerzo genuino, el compromiso silencioso y la excelencia constante".*

Lo que no sabía en ese momento es que la vida me estaba observando, como un espectador atento en las gradas. Fue entonces cuando, por pura necesidad y quizás por ese deseo latente de encontrar una salida, tomé una decisión que cambió mi vida. Un día, después de una peligrosa experiencia en la que estuve secuestrado por unos adolescentes armados mientras hacía Uber, llegué a casa con la sensación de que mi vida ya no podía seguir en riesgo. Decidí dejarlo todo.

En un giro de suerte, un familiar me hablo de una vacante, la oportunidad de trabajar en la bodega de uno de los clubes más importantes de Chile. Aunque no era lo que había soñado, lo tomé. La vida, como el fútbol, es a veces cuestión de no mirar al marcador, sino de entregarse al juego. Y así lo hice. Tomé el trabajo con una dedicación absoluta. Me enfoqué en reorganizar la bodega, separando cada departamento con detalle, asegurándome de que todo estuviera en orden. No importaba si ese trabajo no era lo que quería, lo importante era que me entregara por completo.

Ese trabajo, aparentemente tan lejano a mi vocación de preparador físico y entrenador, comenzó a dar frutos. Como un jugador que no destaca en el primer tiempo, pero que en el segundo muestra todo su potencial, mi esfuerzo no pasó desapercibido. El club empezó a ver mi dedicación, mi capacidad para organizar y mi disciplina. Nadie sabía que yo era un entrenador y preparador físico profesional de fútbol, que había trabajado a nivel profesional y que mi sueño seguía vivo.

> *"A veces, lo único que depende de nosotros es cuánto estamos dispuestos a luchar".*

108

El momento clave llegó cuando, en diciembre, decidí enviar mi currículum a los jefes de área técnica y física del club. Mi intención era clara: quería estar cerca del fútbol, incluso si eso significaba empezar desde abajo. Lo que no esperaba era que la respuesta sería tan rápida. Los jefes respondieron con gratitud y, con el tiempo, se abrieron vacantes en el equipo sub-15 femenino. Para mí, eso representaba una oportunidad dorada para entrar al mundo del futbol en Chile, un país donde el fútbol femenino estaba ganando terreno.

Y lo que parecía un pequeño paso se convirtió en algo mucho más grande. En cuestión de días, la vacante pasó de ser en el sub 15 femenino a una oportunidad en el plantel profesional femenino del club. Competí con otros profesionales más experimentados, pero mi trabajo en la bodega hablaba por mí. Cuando el club tomó la decisión final, el vicepresidente dejó un mensaje que se quedó grabado en mi mente para siempre: "El puesto es tuyo por el excelente trabajo que has hecho en la bodega. No habíamos visto algo así en mucho tiempo" y si trabajas así en un puesto que no es tu profesión queremos ver como lo haces en tu campo.

"Haz siempre tu trabajo bien,
porque nunca sabes quién te está observando".

Con ese mensaje en mente, comencé a trabajar con el mismo corazón que ponía en cada entrenamiento o partido. La temporada fue exitosa, y muy pronto, luego un club contrató a nuestro staff para uno de los clubes más grandes de Ecuador. Mi viaje de superación no solo fue una prueba de perseverancia, sino también una lección de que la vida no siempre te da las oportunidades en el momento que esperas, pero siempre recompensará a aquellos que se entregan con pasión a cada desafío, por más pequeño que sea.

Hoy, mirando atrás, me doy cuenta de que la verdadera victoria no es solo haber llegado a la cima del fútbol en Sudamérica. La verdadera victoria fue haber dado todo en cada momento, incluso cuando el marcador parecía estar en mi contra. Porque, al final del día, como en el fútbol y en la vida, lo único que importa es si podemos mirarnos al espejo y decir: "Lo di todo".

"Prepárate bien y harás cosas extraordinarias. Dale valor a tu trabajo y respeto al conocimiento, porque eso hablará de ti y te mostrará el camino correcto. Da un paso a la vez y deja que tus resultados hablen por ti. Siempre ve por todo, ¡crack!"

CAPÍTULO XXIV:

EL TRABAJO COMO RUMBO: CONSTRUYENDO TU ÍTACA

En la travesía de la vida, el trabajo es uno de los caminos que más recorremos. Cada jornada laboral es una milla más en nuestro viaje, un tiempo que no podemos recuperar. ¿Por qué entonces gastar miles de horas en algo que no nos llena? No se trata solo de sobrevivir, sino de encontrar sentido en lo que hacemos, de elegir un destino que sea nuestro y no una ruta trazada por otros.

Desde pequeños, nos enseñan que hay un camino seguro, un trayecto sin tormentas: estudiar, conseguir un trabajo estable, formar una familia, y repetir la historia de quienes vinieron antes. Pero Ítaca no es la misma para todos. La sociedad, la familia, las expectativas ajenas intentan imponernos una ruta, pero la verdadera libertad no está en seguir un mapa prediseñado, sino en atreverse a dibujar el propio.

Muchos quedan atrapados en islas que no eligieron, prisioneros de lo que otros esperan de ellos. El hijo del médico que debe ser médico. La hija del abogado que debe seguir sus pasos. La persona que se aferra a un empleo sin pasión porque le dijeron que es lo correcto. Pero ¿de qué sirve llegar a Ítaca si no es la Ítaca que queremos? La vida no es solo alcanzar una meta; es el viaje mismo, el aprendizaje en cada decisión, en cada desafío.

Y sí, la felicidad no es un derecho que se nos otorga sin esfuerzo. Es una búsqueda, una aspiración que exige sacrificios, riesgos y momentos de duda. Pero también es la recompensa de haber navegado con valentía, de haber elegido el propio rumbo sin miedo al qué dirán.

Así que pregúntate: ¿estás en tu propio viaje o en el de alguien más? Porque cada día, cada hora, cada sacrificio que hagas debe acercarte a la Ítaca que realmente anhelas, no a la que otros imaginaron para ti.

CAPÍTULO XXV:

MÁS ALLÁ DE LA JUSTICIA: EL VALOR DE SEGUIR ADELANTE

D esde pequeños nos cuentan historias donde el bien siempre triunfa, donde el esfuerzo es recompensado y donde los héroes reciben su merecido final feliz. Pero la realidad no funciona así. La vida, como un mar impredecible, a veces nos da vientos favorables y otras nos lanza tormentas inesperadas.

Hay días en los que haces todo bien y, aun así, las cosas salen mal. Te esfuerzas, trabajas duro, sigues las reglas, y sin embargo, ves cómo otros, con menos esfuerzo o méritos, obtienen recompensas que parecían destinadas para ti. No es justo. Pero aquí está el verdadero secreto: no necesitas que la vida sea justa para triunfar.

Imagina a un atleta que entrena con dedicación, que sigue cada plan al pie de la letra, que cuida su alimentación y su descanso. Luego llega el día de la competencia y una lesión inesperada lo deja fuera del torneo. No hay justicia en esto. Pero aquí hay dos caminos: lamentarse, culpar al destino y rendirse, o aceptar la situación, aprender de ella y volver con más fuerza. La vida es así: impredecible, dura, pero también llena de oportunidades para quien decide no quedarse estancado en la queja.

Tomemos el caso de Michael Jordán. En su juventud, fue rechazado del equipo de baloncesto de su escuela secundaria. En lugar de rendirse, utilizó esa humillación como combustible para entrenar más duro. Años después, no solo se convirtió en una estrella universitaria, sino que llegó a la NBA y se convirtió en el mejor jugador de la historia del baloncesto. Si hubiera dejado que la injusticia de su exclusión lo definiera, el mundo habría perdido una leyenda.

Nos enseñan que el esfuerzo garantiza el éxito, pero en realidad, lo que garantiza es crecimiento. A veces ganarás, a veces perderás, pero si sigues adelante, siempre aprenderás. Como un boxeador que cae a la lona, la derrota sólo es definitiva si decide quedarse en el suelo. El verdadero desafío está en ponerse de pie una y otra vez, sin importar cuán injusto parezca el golpe recibido.

Un ejemplo perfecto es Serena Williams. En sus inicios, la menospreciaban por su estilo de juego y su origen. Sin embargo, con disciplina, resiliencia y trabajo arduo, se convirtió en una de las mejores tenistas de la historia. Incluso después de una lesión grave y un complicado embarazo que la alejó del deporte, regresó a competir en el más alto nivel. Nunca permitió que la vida injusta definiera su destino.

Piensa en la naturaleza. Un árbol no elige dónde crecer. Algunos nacen en campos fértiles y crecen sin dificultades, mientras que otros emergen entre rocas, torciéndose y luchando por cada rayo de sol. Pero los que sobreviven a las condiciones más adversas se vuelven los más fuertes. La vida funciona igual. No importa si naciste con ventajas o desventajas, lo que realmente cuenta es lo que haces con lo que tienes.

Ejemplo de ello es Lionel Messi. Diagnosticado con un trastorno de crecimiento, tuvo que inyectarse hormonas diariamente durante su infancia para poder competir al mismo nivel que otros niños. Muchos equipos lo descartaron por su baja estatura. Pero él, con determinación y talento, se convirtió en uno de los mejores futbolistas de la historia.

La injusticia es una constante, pero también lo es la oportunidad de sobreponerse a ella. No esperes que el mundo sea justo para empezar a moverte. No dejes que el rencor o la frustración te consuman. La vida te pondrá pruebas, algunas inmerecidas, pero el verdadero poder está en seguir adelante a pesar de todo.

Otra historia inspiradora es la de Bethany Hamilton. Como surfista prometedora, perdió un brazo tras el ataque de un tiburón a los 13 años. La mayoría habría abandonado el sueño de ser atleta profesional, pero ella no. Aprendió a surfear con un solo brazo y no solo volvió a competir, sino que ganó campeonatos internacionales.

Hay casos en los que una lesión parece acabar con una carrera, pero en realidad marca el inicio de una historia aún más grande. Derek Redmond, velocista británico, era favorito para ganar en los Juegos Olímpicos de 1992. En plena semifinal de los 400 metros, su tendón de la corva se rompió y cayó al suelo. En vez de abandonar, se levantó y, con un dolor indescriptible, terminó la carrera con ayuda de su padre. No ganó la medalla, pero se convirtió en un símbolo de determinación. Su carrera como velocista terminó, pero encontró una nueva vocación como conferencista motivacional, inspirando a millones con su historia.

No puedes cambiar las reglas del juego, pero puedes cambiar la manera en que lo juegas. Y en ese cambio, en esa decisión de avanzar sin importar los obstáculos, es donde realmente se forjan los triunfadores.

Porque al final del día, la vida no es justa. Pero tú tampoco necesitas que lo sea para lograr algo extraordinario.

CAPÍTULO XXVI:

EL ARTE DE DARTE VALOR Y ALINEAR TU VIDA CON VALORES.

Los valores son el faro que guía nuestras decisiones, el fundamento sobre el cual construimos nuestras vidas. Si alguna vez te has sentido perdido, sin rumbo o vacío, probablemente sea porque has desconectado de tus valores más profundos. Al igual que una brújula que señala el norte, los valores nos permiten orientarnos en la vida, especialmente en los momentos de incertidumbre. Son nuestra base, lo que nos da dirección y propósito, y nos ayudan a tomar decisiones que están alineadas con lo que realmente somos.

Cuando pensamos en valores, a menudo imaginamos palabras como la honestidad, el respeto, la responsabilidad, la gratitud, la justicia. Pero los valores son mucho más que palabras abstractas; son principios fundamentales que nos afectan de manera directa. Son como los cimientos de una casa: si no son sólidos, todo lo que construyas encima será inestable.

Cada persona tiene un conjunto único de valores que reflejan su historia, sus experiencias y su visión del mundo. Algunos se definen por el deseo de ayudar a los demás, otros por la ambición de ser exitosos, otros por la búsqueda de la paz interior. Pero lo esencial es que los valores nos conectan con nuestra esencia, nos recuerdan quiénes somos y nos proporcionan el coraje necesario para seguir adelante, incluso cuando las circunstancias son difíciles.

Una de las claves para vivir en armonía con nosotros mismos es vivir conforme a nuestros valores. Cuando nuestras acciones y pensamientos están alineados con lo que valoramos, experimentamos una sensación de integridad y paz. Sin embargo, cuando nos desviamos de esos valores, incluso por un corto tiempo, sentimos esa desconexión, esa incomodidad que nos impulsa a volver a nuestro centro.

La importancia de los valores no solo radica en la guía que ofrecen para nuestras decisiones diarias, sino también en su capacidad para formar nuestra identidad. Lo que valoramos influye directamente en cómo nos vemos a nosotros mismos. Si valoras la honestidad, por ejemplo, y actúas de acuerdo con esa creencia, te sentirás más en paz contigo mismo y ganarás el respeto de los demás. Pero si actúas en contra de esos valores, aunque sea por una justificación momentánea, sentirás una disonancia interna, esa sensación incómoda que te dice que algo no está bien.

En este proceso de autodescubrimiento, el paso más importante es reconocer cuáles son tus valores esenciales. Para algunos, puede ser un proceso claro y directo; para otros, puede ser un camino largo de reflexión y autoconocimiento. Pero lo importante es que ese viaje te llevará a una vida más auténtica y gratificante.

Para identificar tus valores, comienza por reflexionar sobre las situaciones que más te han impactado en la vida. ¿Qué situaciones te han hecho sentir más orgulloso de ti mismo? ¿Cuándo has sentido una profunda paz interior? Estas experiencias a menudo están relacionadas con tus valores más profundos. Por ejemplo, si en un momento clave decidiste actuar con valentía y defender a alguien que necesitaba ayuda, es probable que el valor de la justicia o la compasión esté en el núcleo de tu ser.

Una vez que identifiques tus valores, haz un esfuerzo consciente por vivir de acuerdo con ellos. En lugar de simplemente aspirar a ellos, haz que cada acción y pensamiento se alineen con estos principios. Cuando sientas la tentación de desviarte, recuerda la sensación de satisfacción y paz que experimentaste cuando actuaste en congruencia con tus valores.

Sin embargo, ser fiel a tus valores no significa que siempre sea fácil. Habrá momentos en los que deberás tomar decisiones difíciles, en los que seguir tus valores te exigirá sacrificios o confrontaciones. Pero recuerda que las decisiones difíciles que tomes de acuerdo con tus valores te darán una fortaleza interna que nunca podrás encontrar en la gratificación instantánea o el conformismo. La verdadera paz viene de vivir una vida que refleje lo que más valoras.

Los valores también nos conectan con los demás. Aunque cada persona tiene un conjunto único de valores, los valores universales, como la honestidad, la gratitud y el respeto, son los que nos permiten conectar profundamente con los demás. Estas conexiones auténticas son las que enriquecen nuestra vida, las que nos dan un sentido de comunidad y de propósito compartido.

A medida que creces y maduras, tus valores pueden evolucionar. Lo que considerabas importante a los 20 años puede no ser lo mismo que valoras a los 40. Y eso está bien. La vida está en constante cambio, y nuestras experiencias a lo largo del camino pueden enriquecer nuestra comprensión de lo que es verdaderamente significativo. Sin embargo, lo fundamental es que siempre te tomes el tiempo para reflexionar sobre lo que realmente importa y asegúrate de que tus acciones y decisiones estén alineadas con esos valores.

Al final, los valores no solo determinan lo que hacemos, sino quiénes somos. Nos dan propósito, dirección y una razón para levantarnos cada mañana. Nos desafían a ser mejores versiones de nosotros mismos, a vivir con integridad y a contribuir al bienestar de quienes nos rodean. La vida, en su esencia, es un reflejo de lo que valoramos, y lo que valoramos es lo que da forma a nuestro destino.

Desde que empecé mi camino en el mundo del entrenamiento físico y del coaching mental, una de las lecciones más difíciles que tuve que aprender fue a darme el valor que realmente merecía mi trabajo. Durante mucho tiempo, me costaba poner un precio a lo que hacía, como si el ayudar a las personas fuera un acto que no debía ser recompensado. Me aferraba a la idea de que mi propósito de vida era dejar una huella, de ayudar a los demás, de contribuir a su crecimiento y bienestar. Pero en esa misma idea de ayudar, me estaba perdiendo a mí mismo. Me olvidaba de lo más importante: el respeto hacia mí mismo y el reconocimiento de que mi tiempo, esfuerzo y conocimientos valen algo.

Era como un artesano que, a pesar de su destreza, regalaba sus obras de arte, esperando que el mundo lo viera y lo aplaudiera por su generosidad. Pero el problema es que el mundo no siempre entiende el valor de un trabajo detrás de un esfuerzo. Si ese artesano no cobra por su obra, si no reconoce su propia habilidad, eventualmente se quedará sin los recursos para seguir creando, y su arte desaparecerá sin dejar rastro. Mi trabajo, como el suyo, no solo es valioso, sino que es el resultado de años de sacrificio, aprendizaje, y práctica constante. La inversión de tiempo y dinero en mi formación no podía ser ignorada. Mis conocimientos, mi experiencia, y las horas de trabajo que invertí no podían seguir siendo percibidos como algo sin valor.

En un principio, me sentía incómodo al ponerle un precio a mis servicios. Pensaba que al cobrar, estaba perdiendo mi esencia de querer ayudar a los demás, como si cobrar fuera sinónimo de egoísmo. Pero con el tiempo comencé a comprender que el valor de mi trabajo no tenía que ver con lo que pensaba de mí mismo, sino con lo que realmente representaba para los demás y cómo ese trabajo les impactaba positivamente. Comencé a darme cuenta de que si no valoraba lo que hacía, si no ponía un precio justo a mi tiempo y esfuerzo, los demás tampoco lo harían. El respeto hacia uno mismo es el primer paso para que los demás también nos respeten. Y, como dice una frase famosa, "si no sabes lo que vales, alguien más te lo dirá", y en muchos casos no será una valoración justa.

Aprender a cobrar por mi trabajo fue un proceso de crecimiento personal y profesional. Fue como aprender a poner los cimientos de un edificio. Antes, mis cimientos estaban débiles, por lo que mi trabajo no tenía la solidez que merecía. Pero cuando entendí mi valor, esos cimientos se fortalecieron, y mi estructura comenzó a erigirse con fuerza y firmeza. No solo por mí, sino por aquellos a quienes ayudaba. Porque, al final, lo que yo hacía impactaba en la vida de otros, y ese impacto tiene un valor intrínseco. No es solo tiempo; es el poder de transformar vidas, el poder de guiar a alguien hacia su mejor versión, de hacer que una persona vea en sí misma lo que antes no veía.

Me di cuenta que, en el fondo, muchos otros, incluso figuras influyentes que admiro, han pasado por el mismo proceso de aprendizaje. Pensemos, por ejemplo, en Steve Jobs, quien en los primeros años de su carrera en Apple vendía sus productos a precios bajos para hacerlos más accesibles, pero entendió rápidamente que el valor de su trabajo y la innovación que traía al mundo tenía un precio. Jobs no solo vendió tecnología; vendió una experiencia, un concepto que cambiaría la vida de millones. La gente no pagaba solo por un teléfono, una computadora o una Tablet; pagaba por la visión de un futuro mejor, por la comodidad, por la calidad. Y fue en ese momento en el que Apple despegó, cuando Jobs entendió que su trabajo valía mucho más de lo que estaba cobrando.

Otro ejemplo que me viene a la mente es el de artistas como Picasso, que pasaron años luchando con la valoración de su trabajo. Hoy, su arte es reconocido mundialmente, y sus obras se venden por cifras millonarias. Sin embargo, Picasso pasó por momentos en los que no entendía por qué su arte no era apreciado como lo merecía. Fue a través del tiempo, la dedicación y la firmeza en su creencia de que lo que hacía tenía un valor único que encontró su lugar en el mundo.

Así como ellos, me di cuenta de que debo valorar mi trabajo, no solo para asegurar mi crecimiento personal y profesional, sino también para poder seguir ayudando a los demás. Cuando no le ponemos un precio justo a lo que hacemos, no solo estamos perdiendo valor, sino que también estamos haciendo que los demás no valoren lo que ofrecemos. Y, lo más importante, cuando no nos respetamos a nosotros mismos, cuando no entendemos la importancia de nuestro propio trabajo, no podemos pedirle a los demás que nos respeten.

Hoy, puedo decir con orgullo que el respeto a mí mismo y a mi trabajo ha transformado no solo mi vida, sino también la de las personas a las que ayudo. El valor no solo se encuentra en el dinero; está en el impacto, en la diferencia que puedes hacer en el mundo. A lo largo de los años, aprendí que, como en todo proceso de crecimiento, los desafíos son parte del camino, pero el respeto por uno mismo y por lo que se hace es lo que nos mantiene firmes, lo que nos da la fuerza para seguir adelante.

Ahora, cuando miro atrás, me doy cuenta de que mi trabajo no solo tiene valor porque ayudo a los demás a alcanzar sus metas, sino porque también me permite seguir creciendo como persona. Porque al aprender a darme valor, he descubierto que lo más importante no es solo el legado que dejo en los demás, sino el legado de amor propio y respeto que me dejo a mí mismo. Ese es el verdadero cambio que quiero dejar en el mundo, y ese es el verdadero valor de mi trabajo.

No tienes definido tus valores acá te dejo un ejercicio para que hagas en casa y puedas identificar que valores principales tienes en tu vida

EJERCICIO: DEFINIENDO TU ESQUEMA DE VALORES

Los valores son principios fundamentales que guían nuestras decisiones y nos ayudan a dar dirección a nuestras vidas. Tener claridad sobre tus valores es esencial para vivir una vida alineada con lo que realmente importa para ti. Este ejercicio te ayudará a reflexionar sobre qué valores son más importantes para ti, y cómo estos valores influyen en las decisiones que tomas a diario.

Paso 1: Reflexiona sobre tus valores

Antes de comenzar a escribir, tómate un momento para pensar en lo que verdaderamente valoras en la vida. Hazte preguntas como:

- ¿Qué cualidades admiro en las personas que respeto y aprecio?
- ¿Qué principios guían mis decisiones importantes?
- ¿Qué me hace sentir que estoy viviendo de acuerdo con mi propósito?

Paso 2: Elige tus valores

A continuación, te presento una lista de posibles valores. Puedes elegir de 7 a 10 entre estos o agregar los que sientas que son más significativos para ti. Es importante que no te apresures; este ejercicio requiere tiempo y reflexión para obtener claridad.

1. Honestidad | 2. Respeto | 3. Responsabilidad | 4. Amor

5. Gratitud | 6. Perseverancia | 7. Lealtad | 8. Compasión

9. Justicia | 10. Generosidad | 11. Confianza | 12. Autenticidad

13. Valentía | 14. Empatía | 15. Equilibrio | 16. Tolerancia

17. Sabiduría | 18. Paciencia | 19. Determinación |20. Independencia

21. Excelencia | 22. Solidaridad | 23. Creatividad | 24. Colaboración

25. Disciplina | 26. Amistad | 27. Humildad | 28. Aceptación

29. Curiosidad I 30. Bondad I 31. Libertad I 32. Orgullo

33. Perdón I 34. Sinceridad I 35. Respeto por la diversidad

36. Autocuidado I 37. Tranquilidad I 38. Compromiso I 39. Felicidad

40. Sentido del humor I 41. Autoestima I 42. Honestidad intelectual

43. Integridad I 44. Seguridad I 45. Autonomía I

46. Respeto al medio ambiente I 47. Apoyo I 48. Conocimiento

49. Gratificación I 50. Confianza en uno mismo I 51. Paz interior

52. Trabajo en equipo I 53. Liderazgo I 54. Alegría

55. Generosidad de espíritu I 56. Discernimiento I57. Equidad

58. Fortaleza I 59. Adaptabilidad I 60. Carácter

Paso 3: Definir tus valores

Ahora que has seleccionado entre 7 a 10 valores principales, es hora de profundizar. Escribe una breve definición para cada uno de ellos. ¿Qué significa para ti cada valor? ¿Cómo lo aplicas en tu vida diaria?

Ejemplo:

Honestidad: Ser transparente en mis acciones y palabras, siempre diciendo la verdad, incluso cuando sea difícil.

Compasión: Tener empatía por los demás y estar dispuesto a ofrecer ayuda sin juzgar.

Perseverancia: Mantenerme enfocado en mis metas y seguir adelante, incluso cuando enfrento obstáculos.

Paso 4: Relaciona tus valores con tus acciones

Piensa en las situaciones de tu vida diaria en las que tus valores deberían ser aplicados. Reflexiona sobre cómo se alinean tus decisiones con lo que consideras importante. Puedes escribir una breve reflexión sobre cómo tus valores influyen en tu vida:

Ejemplo:

En mi trabajo, la honestidad me lleva a ser claro con mis clientes y a asegurarme de que siempre estén bien informados.

En mi vida personal, la compasión me motiva a escuchar a mis amigos cuando están pasando por momentos difíciles y ofrecerles apoyo.

Paso 5: Revisa y ajusta tus valores periódicamente

Los valores no son algo estático. A medida que creces y evolucionas, tus valores pueden cambiar o volverse más claros. Haz un compromiso contigo mismo de revisar tu esquema de valores cada seis meses o cuando sientas que algo en tu vida está cambiando.

Recuerda que los valores son los cimientos de tu vida. Si los mantienes claros y los vives de acuerdo con ellos, estarás construyendo una vida auténtica y alineada con lo que realmente te importa.

CAPÍTULO XXVII:

"METAS: EL CAMINO HACIA TU MEJOR VERSIÓN"

La vida es un mar vasto y turbulento, lleno de olas impredecibles y corrientes cambiantes. Sin embargo, en medio de este océano, hay algo que puede mantenerte a flote y darte dirección: las metas. Las metas son como un faro en la oscuridad; te muestran el camino cuando todo parece incierto y te dan la luz necesaria para navegar en las aguas más profundas de tu existencia.

Imagina que eres un navegante en un barco, y la tormenta ha comenzado a azotar con fuerza. Las olas se elevan y el viento sopla con furia. Si no tienes un rumbo, lo único que verás serán las aguas embravecidas y el cielo gris. Pero, si al horizonte puedes distinguir la luz de un faro, sabrás que hay tierra firme a la vista. Esa luz es tu meta. Y, aunque el mar se agite, el faro nunca dejará de brillar, recordándote que hay un lugar al que llegar.

Las metas son la brújula interna que te orienta cuando las decisiones parecen abrumadoras, cuando el futuro se vuelve incierto y el camino se desvanece en el horizonte. Sin ellas, es fácil perderse en el caos de la vida diaria, atrapado en la rutina, dejando que las horas se deslicen sin propósito. Pero con metas claras, cada paso que des, por pequeño que sea, te llevará hacia un destino que has elegido, no uno que la vida o el azar hayan decidido por ti.

Las metas son como una serie de escalones que te llevan hacia la cima de una montaña. Al principio, la cima parece lejana y la subida empinada. Pero, si te concentras en el siguiente peldaño y sigues subiendo, descubrirás que no solo llegas a la cima, sino que el viaje en sí mismo te transforma. Cada peldaño alcanzado no es solo una victoria en el camino, sino una parte esencial del proceso de crecimiento.

Imagina que la montaña es tu vida y cada meta es un paso que te acerca a la mejor versión de ti mismo. Al principio, la montaña puede parecer un desafío abrumador, pero si te enfocas en tu próximo paso, en vez de en la cima lejana, el camino se vuelve más manejable, más alcanzable. Y, a medida que subes, comienzas a sentir la satisfacción de saber que cada esfuerzo te acerca un poco más a la meta, hasta que, por fin, llegas a la cima y puedes ver el mundo desde una nueva perspectiva.

A veces, las metas que establecemos pueden parecer pequeñas, incluso insignificantes, pero no subestimes el poder de un pequeño paso. Cada pequeña meta que alcanzas es como poner una piedra sólida sobre la otra para construir un castillo. El castillo no se construye de inmediato, pero cada acción, por mínima que sea, te acerca a la realización de un sueño grande.

Es fundamental que tus metas sean claras y específicas. No se trata solo de desear algo en general, como "quiero ser feliz" o "quiero tener éxito". Eso es demasiado amplio, demasiado vago. Las metas deben ser específicas, medibles y alcanzables. Piensa en una flecha lanzada hacia un blanco. Si no apuntas al centro, la flecha podría perderse en el aire. Pero si apuntas directamente al centro, con cada disparo, te acercas más a tu objetivo.

Si tu meta es perder peso, no basta con decir "quiero estar en forma". ¿Qué significa estar en forma para ti? Define tu meta: perder 5 kilos en los próximos tres meses, hacer ejercicio 4 veces por semana, comer más saludablemente. Cuando tu meta es clara, el camino hacia ella también lo será. Cada paso que des será un paso calculado hacia lo que has decidido alcanzar.

Las metas no solo son guías; son el combustible que enciende tu pasión. Un coche sin gasolina no puede moverse. De la misma manera, sin metas, te quedarías estancado en un lugar sin avanzar. Las metas te dan la energía necesaria para seguir adelante, incluso cuando la vida se pone difícil.

Si alguna vez has tenido un sueño o una visión, sabes que ese sueño puede ser una chispa que se convierte en una llama intensa que te impulsa hacia adelante. Las metas tienen el poder de convertir esa chispa en fuego, y ese fuego te da la motivación para superar cualquier obstáculo que aparezca en tu camino.

Cada meta alcanzada, por pequeña que sea, es como añadir combustible al fuego de tu pasión. La satisfacción de haber alcanzado algo que te propusiste refuerza tu determinación para continuar. Las metas te mantienen enfocado, te dan dirección y te impulsan hacia tu verdadero propósito.

Es fácil pensar que cuando estableces una meta, el camino hacia ella será recto, directo y sin obstáculos. Pero la vida no funciona así. El viaje hacia nuestras metas está lleno de desvíos, obstáculos inesperados y momentos de duda. Sin embargo, esos momentos son esenciales para el proceso.

Imagina que estás viajando por un sendero en medio de un bosque. Al principio, el camino es claro, pero de repente, encuentras un árbol caído bloqueando tu paso. Podrías quedarte allí, frustrado, preguntándote por qué el camino no es más fácil. O puedes decidir sortear el obstáculo, encontrar un desvío, y seguir avanzando. Los obstáculos son inevitables, pero lo que realmente importa es tu actitud frente a ellos. ¿Te rendirás o te adaptarás?

Cada vez que te enfrentas a un obstáculo y lo superas, creces. Cada vez que tomas un desvío y sigues adelante, te acercas más a tu meta. La vida no es un camino recto, pero lo importante es que sigas caminando. Recuerda que cada paso, por pequeño que sea, te acerca más a tu destino.

Alcanzar tus metas requiere perseverancia. Habrá días en los que las dudas invadirán tu mente. Habrá días en los que te sentirás agotado y querrás rendirte. Pero en esos momentos, recuerda que las grandes historias no se escriben en los días fáciles. Las historias más inspiradoras son las de aquellos que, a pesar de la adversidad, nunca dejaron de luchar.

En esos días difíciles, cuando el cansancio te invada y la tentación de rendirte sea grande, recuerda por qué comenzaste. Recuerda la visión que tenías al principio. En la perseverancia reside el poder de transformar un sueño en realidad. La diferencia entre aquellos que alcanzan sus metas y los que se quedan atrás es simple: los primeros no se rinden.

Finalmente, las metas no solo son para ti. Las metas que alcanzas dejan un legado. Piensa en las personas que se inspiran en tu viaje. Piensa en aquellos que, al ver tu determinación, se sienten motivados para seguir su propio camino. Cada meta que logras tiene un impacto en el mundo a tu alrededor. Tus acciones, tus logros, pueden inspirar a otros a hacer lo mismo.

Al alcanzar tus metas, no solo transformas tu vida, sino que también dejas una huella en el mundo. El viaje hacia tus metas tiene el poder de influir en las vidas de aquellos que te rodean, haciendo que la vida de todos sea un poco más rica, más esperanzadora, más llena de posibilidades.

Las metas son los mapas que nos guían en la vida. Aquí te dejo los pasos clave para alcanzarlas:

Define lo que quieres
Sé específico y claro sobre tu meta. Cuanto más detallado sea tu objetivo, más fácil será alcanzarlo.

Crea un plan de acción
Divide tu meta en pasos pequeños. Cada acción te acerca más a tu objetivo final.

Mantén tu motivación alta
Enfócate en el propósito detrás de tu meta. Visualiza el resultado y usa esa visión para mantenerte en marcha.

Acepta los obstáculos
Los desafíos son parte del proceso. Aprende de cada dificultad y usa esos aprendizajes para crecer.

Persevera siempre
No te detengas, incluso cuando los avances sean pequeños. La consistencia es clave para el éxito.

Celebra los logros pequeños
Cada paso cuenta. Reconocer los pequeños triunfos te mantendrá motivado y positivo.

Inspira a los demás
Tu éxito puede ser la motivación para que otros sigan sus propios sueños. Sé un ejemplo de perseverancia.

DEFINIENDO TUS METAS: UN MAPA HACIA TUS SUEÑOS

Las metas son como un faro que nos guía a través del océano de la vida. Sin ellas, es fácil perderse, desviarse o quedarnos estancados. Este es el momento en que debes hacer una pausa y preguntarte: ¿Qué es lo que realmente quiero alcanzar? A continuación, te invito a reflexionar sobre cuatro preguntas clave que te ayudarán a definir tus metas y a crear un camino claro hacia tus logros.

¿Qué deseo alcanzar?

Es importante que te tomes un momento para visualizar lo que realmente deseas lograr en tu vida. No te limites ni pienses en lo que los demás esperan de ti. Piensa en lo que tú realmente quieres, lo que te haría sentir pleno y realizado. Pregúntate a ti mismo:

¿Qué es lo que realmente deseo alcanzar?

Para ayudarte en esta reflexión, aquí algunos ejemplos que podrían inspirarte:

- Mejorar mi salud y perder 10 kg en los próximos seis meses.
- Aprender un nuevo idioma (por ejemplo, inglés) en un plazo de un año.
- Obtener una promoción en mi trabajo y aumentar mis ingresos en los próximos dos años.
- Ahorrar $5,000 para un viaje a Europa en los próximos 12 meses.
- Recuerda que tus metas deben ser personales, específicas y, sobre todo, tuyas. No sigas lo que la sociedad dicta, sino lo que realmente resuena contigo.

¿Qué deseo conservar de lo que ya tengo?

Es fácil centrarse en lo que nos falta, pero también es fundamental reflexionar sobre lo que ya hemos logrado y queremos seguir cultivando. Muchas veces, las cosas que ya tenemos son las que nos hacen sentir completos. Pregúntate:

¿Qué es lo que quiero conservar de lo que ya tengo?
Aquí te dejo algunos ejemplos para ayudarte a pensar:

- Quiero mantener una relación cercana con mi familia, que es mi mayor apoyo.
- Me gustaría conservar el equilibrio entre mi vida personal y profesional que he logrado recientemente.
- Valoro profundamente mi estabilidad emocional y la paz interior que tengo, y quiero seguir cultivándola.
- Quiero seguir siendo constante con mis hábitos de ejercicio, porque me hacen sentir saludable y enérgico.

¿Qué deseo evitar que no tengo y no quiero?
Reflexionar sobre lo que NO queremos en nuestra vida también es una parte importante del proceso. A veces, nos olvidamos de que podemos evitar ciertas situaciones o hábitos que no nos sirven. Pregúntate:

¿Qué es lo que deseo evitar que no tengo y no quiero?
Aquí algunos ejemplos:

- Quiero evitar la procrastinación y la falta de organización que me impiden alcanzar mis objetivos.
- No quiero seguir con el estrés constante que me genera no gestionar bien mi tiempo.
- Evitar caer en la dependencia de las redes sociales que me roban mi tiempo y energía.
- No quiero relaciones tóxicas que me agoten emocionalmente.

¿Qué deseo eliminar de lo que tengo y no quiero?
Al igual que hay cosas que deseamos evitar, también hay cosas que debemos eliminar de nuestra vida. No se trata de ignorarlas, sino de tomar la decisión consciente de dejarlas atrás. Pregúntate:

¿Qué deseo eliminar de lo que tengo y no quiero?
Para darte una idea, aquí tienes algunos ejemplos:

- Eliminar los hábitos de comer de manera poco saludable que afectan mi bienestar.
- Quiero eliminar el miedo al fracaso que me paraliza y me impide tomar riesgos.
- Necesito dejar atrás la mentalidad negativa que me limita y no me permite ver oportunidades.
- Quiero eliminar las deudas acumuladas que me generan ansiedad.

METAS SMART: EL CAMINO CLARO HACIA EL ÉXITO

Ahora que ya tienes claridad sobre lo que deseas alcanzar, es importante que esas metas sean claras y alcanzables. Aquí es donde entra el concepto de las metas SMART. SMART es un acrónimo que te ayudará a definir objetivos precisos y medibles.

Las metas SMART son aquellas que cumplen con los siguientes criterios:

- **S** (**Específicas**): Tu meta debe ser clara y detallada. En lugar de decir "Quiero estar más saludable", di "Quiero perder 10 kg en los próximos seis meses".
- **M** (**Medibles**): Debes poder evaluar tu progreso. Establece cómo medirás tu éxito, como la cantidad de peso perdido, las horas de ejercicio realizadas, o el dinero ahorrado.
- **A** (**Alcanzables**): Asegúrate de que tu meta es realista. Si tu meta es perder 10 kg en una semana, quizás no sea alcanzable. Pero perder 10 kg en seis meses, con un plan adecuado, sí es posible.
- **R** (**Relevantes**): Asegúrate de que la meta es importante para ti y está alineada con tus valores. Pregúntate: ¿Es esta meta realmente significativa para mi vida?
- **T** (**Temporales**): Establece un plazo específico. Sin un plazo, es fácil posponer el trabajo. "Perder 10 kg en 6 meses" tiene un plazo claro que te ayuda a mantenerte enfocado.

EJEMPLO DE META SMART

Veamos un ejemplo para que veas cómo se estructuran las metas SMART:

- **Meta:** "Quiero perder 10 kg en los próximos seis meses, haciendo ejercicio 4 veces por semana y comiendo de manera saludable. Esto me permitirá mejorar mi salud y sentirme más energético."
- **Específica:** Perder 10 kg.
- **Medible:** 10 kg es una cantidad concreta.
- **Alcanzable:** Con un plan de ejercicio y dieta adecuada, es una meta alcanzable.
- **Relevante:** Es importante para mejorar la salud y bienestar general.
- **Temporal:** El plazo es de seis meses.

Ahora es tu turno. Tómate un tiempo para reflexionar sobre las preguntas que te hemos planteado. Escribe tus respuestas en las cuatro preguntas anteriormente planteadas, para definir tus metas. Este será el primer paso para comenzar a trazar tu ruta hacia el éxito. Recuerda que las metas no solo son algo que deseas alcanzar, sino también una fuente de motivación, crecimiento y transformación personal.

> *Piensa en grande, actúa en pequeños pasos,*
> *la meta esta para disfrutar el proceso.*

CAPÍTULO XXVIII:

DE LOS SUEÑOS

Sueños Redireccionados: Cuando la Vida Reescribe Nuestros Planes

Los sueños tienen un lenguaje propio. Nos hablan en susurros cuando apenas comienzan a germinar en nuestra mente y gritan con fuerza cuando nos sentimos cerca de alcanzarlos. Son esas luces que nos guían, las ideas que nos dan razones para avanzar. Pero, ¿qué pasa cuando los sueños cambian de forma? ¿Cuando la vida nos obliga a reescribirlos, a ajustarlos, a verlos desvanecerse solo para volver a surgir en otra dirección?

Aristóteles decía: "Somos lo que hacemos repetidamente. La excelencia, entonces, no es un acto, sino un hábito". Y así ocurre con los sueños: no se desvanecen, se transforman según nuestra manera de vivir. Lo que una vez nos pareció el destino inevitable puede convertirse en una etapa más del viaje, no en el destino final.

EL ARTE DE SOLTAR PARA AVANZAR

A veces, nos aferramos con tanta fuerza a un sueño que no nos damos cuenta de que su tiempo ya pasó. Como un navegante que insiste en remar contra la corriente, hay momentos en que lo mejor que podemos hacer es soltar los remos y permitir que la vida nos guíe hacia un nuevo rumbo. No significa rendirse, sino comprender que la rigidez nos quiebra y la flexibilidad nos permite fluir.

El escritor Paulo Coelho lo expresa bien en El Alquimista: "Cuando alguien desea algo con todo su corazón, el universo conspira para que lo consiga". Pero también conspira para mostrarnos que el deseo puede cambiar, que no siempre lo que creíamos necesitar es lo que realmente nos hará crecer.

EVOLUCIÓN DE LOS SUEÑOS

Un sueño es como una semilla plantada en un jardín desconocido. Puedes imaginar que crecerá como un roble, fuerte e imponente, pero a veces resulta ser una enredadera que se adapta a las formas de su entorno. No porque haya fallado en su crecimiento, sino porque encontró una manera distinta de florecer.

Los sueños también son como ríos que buscan el mar. A veces, el cauce original se bloquea, y el agua debe encontrar nuevas formas de avanzar. Se bifurca, cambia de dirección, pero siempre sigue fluyendo. No hay un solo camino para llegar a donde debemos estar.

FRASES PARA LA REFLEXIÓN

"No temas cambiar de sueño, porque a veces los sueños también crecen y evolucionan."

"El fracaso no es la muerte de un sueño; es la invitación a descubrir uno nuevo."

"Aquello que creíste perder puede ser la puerta a algo que nunca imaginaste."

"No es traición cambiar de camino cuando la vida te muestra una mejor versión de tu destino."

EL DESTINO: ¿UN CAMINO FIJO O UNA CONSTRUCCIÓN CONSTANTE?

Hay quienes creen que el destino es una línea recta y predeterminada, que nuestros sueños están escritos desde el principio. Pero también está la visión de que el destino es algo que se moldea con cada decisión, con cada cambio de rumbo, con cada sueño que se redirige.

El poeta Rainer Maria Rilke escribió:

> *"El único viaje es el que llevamos dentro". Tal vez nuestros sueños no se tratan de llegar a un destino específico, sino de descubrir quiénes nos convertimos en el proceso.*

Conclusión: Abrazar el cambio sin perder la esencia

Un sueño redireccionado no es un sueño fallido. Es una versión evolucionada de nuestra propia historia. La clave está en no ver los cambios como derrotas, sino como oportunidades para descubrir caminos que nunca habríamos explorado de otra manera.

Así que, si alguna vez sientes que tu sueño se ha desviado, pregúntate: ¿Es un desvio o una nueva oportunidad? Tal vez la vida solo te esté mostrando una versión mejor de lo que alguna vez imaginaste.

CAPÍTULO XXIX:

CUANDO DEJAR DE AFERRARSE A UN SUEÑO QUE YA MURIÓ.

Nos vendieron la idea de que rendirse es de débiles, que hay que aferrarse a los sueños hasta el final, que todo se puede lograr con suficiente esfuerzo. ¿Pero qué pasa cuando ese sueño ya no es tuyo? ¿Qué pasa cuando, en lugar de impulsarte, te está ahogando?

Si te aferras demasiado a algo que ya no tiene sentido, no estás siendo perseverante. Estás siendo prisionero de una idea muerta.

Aquí van algunas señales brutales de que es momento de soltar y redireccionar tu camino:

YA NO TE EMOCIONA, SOLO TE PESA

Si cada vez que piensas en ese sueño sientes más cansancio que ilusión, es porque dejó de ser un sueño y se convirtió en una carga. No sigas arrastrando algo que ya no vibra contigo.

LLEVAS AÑOS ESTANCADO Y TE ESTÁS MINTIENDO A TI MISMO

No estás "a punto de lograrlo", no estás "cerca", no estás "esperando el momento correcto". Solo estás atascado. Si lo único que tienes son excusas para justificar por qué no avanzas, tal vez el problema no es el camino, sino el destino al que intentas llegar.

LO PERSIGUES POR ORGULLO, NO POR PASIÓN

Si sigues adelante solo porque "ya invertiste mucho tiempo" o porque no quieres admitir que te equivocaste, entonces te estás destruyendo por puro ego. Nadie te obliga a seguir atrapado en un sueño que ya no es tuyo.

NO ERES LA MISMA PERSONA QUE EMPEZÓ ESTE SUEÑO

A veces, la versión de ti que soñó con algo ya no existe. Creciste. Cambiaste. Y está bien. Un sueño viejo no tiene por qué definir tu futuro si ya no encaja con lo que eres hoy.

TE ESTÁ COSTANDO MÁS DE LO QUE TE APORTA

¿Te está quitando tu paz mental, tu salud, tus relaciones? ¿Te ha convertido en una versión infeliz de ti mismo? Los sueños deben elevarte, no destrozarte.

SIGUES SOÑANDO CON EL PASADO EN VEZ DE CONSTRUIR EL FUTURO

Si te la pasas diciendo "antes yo quería..." o "si las cosas hubieran salido diferente...", entonces ya no es un sueño, es un lamento. Y los lamentos no llevan a ningún lado.

DEJAR IR NO ES PERDER, ES REINVENTARTE

Aceptar que un sueño ya no es para ti no es rendirse. Es un acto de inteligencia brutal. No se trata de conformarse, sino de ser lo suficientemente valiente para decir: "Esto ya no me llena, es hora de buscar algo que sí."

Bruce Lee decía:

> *"Vacía tu mente, sé como el agua. Si viertes agua en una taza, se convierte en la taza. Sé agua, amigo."*

Los sueños no son estáticos. Evolucionan contigo. Y los más sabios no son los que nunca cambian de rumbo, sino los que saben cuándo dejar de remar contra la corriente y construir un nuevo destino.

Entonces dime:

¿Vas a seguir persiguiendo un sueño muerto o te atreverás a encontrar uno que realmente te haga arder otra vez?

Como dijo C.S. Lewis:

"Puede que no puedas volver atrás y comenzar de nuevo, pero siempre puedes empezar hoy y crear un nuevo final."

La clave no es aferrarse a lo que fue, sino construir con lo que ahora es, para llegar a lo que será.

CAPÍTULO XXX:

DE LAS PRIORIDADES DONDE PONES TU TIEMPO, PONES TU VIDA

L a vida es como un río que fluye sin detenerse, arrastrando todo a su paso. A veces nos dejamos llevar por la corriente, otras veces intentamos nadar contra ella. Pero en este viaje, lo que realmente nos define no es hacia dónde vamos, sino aquello a lo que damos prioridad. Como decía Sócrates: "La vida que no se examina no vale la pena ser vivida". Y parte de ese examen es decidir qué merece nuestra energía, nuestro tiempo y nuestra dedicación.

Las prioridades son como las estrellas en el cielo: si intentamos seguirlas todas, nos perderemos en la inmensidad.

Bruce Lee lo resumió con precisión:

> *"No es el aumento diario, sino la disminución diaria.*
> *Hackea lo innecesario".*

El verdadero enfoque está en eliminar lo superfluo, en aprender a decir no a lo que no suma y sí a lo que nos impulsa. La mente humana es como un jardín; si no decidimos qué sembrar, crecerán malas hierbas por defecto.

En nuestra cotidianidad, nos enfrentamos a distracciones disfrazadas de urgencias, compromisos que nos alejan de nuestros sueños y personas que nos invitan a vivir su historia en vez de escribir la nuestra. Viktor Frankl, el psiquiatra que sobrevivió al holocausto, afirmaba: "Cuando ya no podemos cambiar una situación, tenemos el desafío de cambiarnos a nosotros mismos". No podemos controlar todo lo que sucede, pero sí podemos elegir qué merece nuestra atención.

Cada decisión es una inversión. Warren Buffett lo explicaba de forma sencilla: "La diferencia entre las personas exitosas y las realmente exitosas es que las realmente exitosas dicen no a casi todo". En un mundo que glorifica la hiperactividad, donde se confunde estar ocupado con ser productivo, la capacidad de priorizar es la brújula que distingue a quienes avanzan de quienes simplemente giran en círculos.

Si un arquero dispara sin un blanco claro, todas sus flechas serán en vano. Así es nuestra vida sin prioridades definidas.

Confucio decía:

> *"El hombre que persigue dos conejos no atrapa ninguno".*

Enfocarnos en lo esencial nos permite avanzar con determinación, sin dispersarnos en lo efímero.

Cada mañana es una hoja en blanco. ¿En qué escribirás hoy? Steve Jobs tenía claro que el tiempo es limitado y nos recordaba: "Tu tiempo es limitado, así que no lo malgastes viviendo la vida de alguien más". Si hoy fuera tu último día, ¿estarías satisfecho con cómo has distribuido tus prioridades?

El equilibrio entre lo urgente y lo importante es el arte de vivir con sabiduría.

Como decía Goethe:

> *"Las cosas que más importan no deben estar*
> *a merced de las cosas que importan menos".*

No dejes que el ruido del mundo ahogue tu propia voz, ni que la prisa te haga olvidar lo que realmente vale.

Vivir con prioridades claras es caminar con dirección, es saber que cada paso nos acerca a lo que realmente queremos. Es tener la valentía de dejar ir lo que no nutre el alma y abrazar con fuerza lo que sí. Porque al final, no se trata de hacer más, sino de hacer lo correcto.

Como decía Aristóteles:

> *"Somos lo que hacemos repetidamente. La excelencia, entonces, no es un acto, sino un hábito".*

Este enfoque me recuerda a la metáfora del caballo con anteojeras: cuando un caballo lleva anteojeras, no puede ver lo que ocurre a los lados, solo lo que tiene delante. Así es como deberíamos manejar nuestras prioridades: con la vista fija en la meta, sin dejarnos seducir por distracciones, sean buenas o malas.

Hay distracciones que parecen inofensivas, incluso agradables. Son como sirenas que cantan dulces melodías en el camino de Ulises: promesas de descanso, entretenimiento o caminos más fáciles. Pero también están las distracciones disfrazadas de urgencias, esas que nos hacen sentir productivos sin acercarnos realmente a lo que importa.

Bruce Lee decía:

> *"La clave de la inmortalidad es vivir una vida que valga la pena recordar."*

Pero una vida valiosa no se construye en la dispersión, sino en la concentración. Cada vez que cedemos a una distracción innecesaria, le restamos poder a nuestro propósito.

No se trata de eliminar por completo las distracciones, sino de saber cuáles merecen nuestra atención y cuáles no. Como un arquero que apunta al blanco, debemos aprender a discernir entre lo que suma y lo que nos aleja.

Steve Jobs lo resumió bien:

> *"Enfocarse significa decir no." No al ruido, no a lo trivial, no a lo que nos desvía del camino. Porque la vida es corta, y lo que dejamos de hacer hoy, quizá no tengamos la oportunidad de hacerlo mañana.*

LA MATRIZ DE EISENHOWER: TOMANDO EL CONTROL DE NUESTRAS PRIORIDADES

El presidente Dwight D. Eisenhower solía decir:

> *"Lo importante rara vez es urgente, y lo urgente rara vez es importante."*

Con esta idea, desarrolló una herramienta que hoy en día usan grandes líderes, empresarios y deportistas para administrar su tiempo y energía de manera eficiente

LA MATRIZ DE EISENHOWER.

En el fútbol, como en la vida, no todas las tareas tienen el mismo peso. Algunas son urgentes y requieren atención inmediata, mientras que otras, aunque no sean urgentes, son clave para el éxito a largo plazo. También existen distracciones disfrazadas de prioridades que, si no aprendemos a manejarlas, nos alejan de nuestro verdadero objetivo.

La Matriz de Eisenhower nos ayuda a **clasificar las tareas en cuatro categorías:**

IMPORTANTE Y URGENTE	IMPORTANTE, PERO NO URGENTE
¿Qué significa? Son tareas críticas que requieren acción inmediata.	Son tareas clave para el éxito, pero pueden planificarse.
Ejemplos en el fútbol: Recuperarse de una lesión antes de inicio de temporada.	Mejorar la técnica en tiros libres.

NO IMPORTANTE, PERO URGENTE	NI IMPORTANTE, NI URGENTE
¿Qué significa? Son cosas que parecen urgentes, pero no impactan realmente en el rendimiento.	Son distracciones que roban tiempo y energía.
Ejemplos en el fútbol: Elegir qué botines usar para entrenar mejor.	Pasar horas en redes sociales sin propósito.

Saber en qué cuadrante colocar cada tarea permite **tomar mejores decisiones**, mantener el enfoque y eliminar lo que no suma.

REGLA DE ORO:

Haz de inmediato lo importante y urgente.
Planifica lo importante pero no urgente.
Delega o reduce lo urgente pero no importante.
Elimina lo que no es ni importante ni urgente.

Aplicar esta herramienta en el día a día de un futbolista (o cualquier persona con grandes aspiraciones) **marca la diferencia entre el éxito y el estancamiento**. Como dijo Cristiano Ronaldo: *"El talento sin trabajo duro no sirve para nada."*

EJERCICIO: LA MATRIZ DE EISENHOWER PARA UN FUTBOLISTA

Instrucciones:

- Lee los ejemplos en cada cuadrante.
- Reflexiona sobre tus propias prioridades.
- Rellena la matriz con tus actividades personales.
- Usa esta herramienta para mejorar tu enfoque y rendimiento.

CUADRANTE 1: IMPORTANTE Y URGENTE

(Hazlo de inmediato)

Tareas que requieren tu atención inmediata y tienen un impacto directo en tu rendimiento o bienestar.

Ejemplos:

- Tratar una lesión repentina antes de un partido
- Asistir a una reunión clave con el entrenador
- Resolver problemas con la visa para viajar al torneo
- Entregar documentación requerida hoy

CUADRANTE 2: IMPORTANTE, PERO NO URGENTE

(Planifícalo en tu agenda)

Actividades clave para tu desarrollo, pero que no requieren acción inmediata. Aquí es donde se construye el alto rendimiento a largo plazo.

Ejemplos:

- Mejorar la resistencia física con entrenamientos específicos
- Estudiar jugadas y tácticas del próximo rival
- Practicar tiros libres para perfeccionar tu técnica
- Preparar tu nutrición semanal
- Dormir bien cada noche

CUADRANTE 3: NO IMPORTANTE, PERO URGENTE

(Delegar o simplificar)

Son tareas que requieren atención rápida pero no aportan valor directo a tus objetivos como futbolista. Intenta reducirlas o delegarlas.

Ejemplos:

- Coordinar la compra de suplementos (lo puede hacer otra persona)
- Responder mensajes sobre entrevistas sin urgencia
- Elegir qué zapatos usar, si ya tienes varias opciones listas

CUADRANTE 4: NI IMPORTANTE NI URGENTE

(Evita o elimina)

Tareas que distraen, restan energía y no contribuyen a tu rendimiento ni a tu crecimiento personal o profesional.

Ejemplos:

- Pasar horas en redes sociales sin propósito
- Ver series hasta tarde antes de un partido importante
- Discutir con aficionados o periodistas en redes
- Revisar cosas triviales en el celular durante tus horas de descanso.

Como dijo Kobe Bryant: "Tu rendimiento y éxito no dependen solo del talento, sino de en qué eliges enfocarte cada día."

Reflexión final:

Para triunfar en el fútbol y en la vida, hay que saber qué merece nuestra energía y qué debemos ignorar. Como dijo Johan Cruyff:

> *"El fútbol es un juego de errores. El que comete menos errores gana."*
> *Lo mismo sucede con el manejo del tiempo: el que evita las distracciones*
> *y se enfoca en lo importante, llega más lejos.*
> *Ahora completa la matriz con tus propias prioridades y ajusta tu*
> *enfoque para mejorar tu rendimiento.*

LA TRAMPA DE LA URGENCIA Y EL PODER DEL ENFOQUE

En la vida y en el fútbol, muchas veces nos encontramos corriendo detrás de lo urgente, olvidando lo verdaderamente importante. Como cuando un equipo, en desventaja, pierde la calma y empieza a lanzar balones largos sin estrategia, en lugar de construir jugadas con inteligencia.

> *"Lo que importa es que te levantes cada mañana con la determinación*
> *de ser mejor de lo que eras ayer."*

La urgencia grita, demanda atención inmediata, pero lo importante susurra, esperando que le demos su verdadero lugar.

Como decía el filósofo Séneca:

> *"No es que tengamos poco tiempo, sino que perdemos mucho."*

Un futbolista que se deja llevar por lo urgente se desgasta en preocupaciones sin valor: qué opina la gente, qué publica la prensa, qué hacen sus

148

rivales en redes sociales. Pero aquel que entiende lo importante, invierte su energía en lo que lo hará crecer: mejorar su resistencia, perfeccionar su técnica, fortalecer su mentalidad.

El enfoque es el arma secreta de los más grandes. Michael Jordan decía:

> *"Los obstáculos no tienen que detenerte. Si chocas contra una pared, no te des la vuelta y te rindas. Averigua cómo escalarla, atravesarla o rodearla."*

Y en el fútbol, el enfoque lo es todo. Lionel Messi no se convirtió en el mejor porque se distrajo en lo superficial, sino porque mantuvo su vista al frente, trabajando cada día en lo importante.

> *No caigas en la trampa de lo urgente. Elige lo importante. Mantén la vista al frente.*

LISTA DE DISTRACCIONES QUE TE PUEDEN SERVIR PARA EMPEZAR A ELIMINARLAS O REDUCIRLAS DE TU VIDA

1. Distracciones Digitales
- Uso excesivo de redes sociales (scroll infinito en Instagram, TikTok, Twitter, etc.)
- Notificaciones constantes en el celular (mensajes, emails, alertas de apps)
- Ver videos en YouTube o plataformas de streaming sin un propósito definido
- Videojuegos prolongados que no aportan a tus metas
- Leer noticias sensacionalistas o irrelevantes

2. Distracciones en el Trabajo o Estudio

- Atender reuniones o tareas que no aportan valor real a tus objetivos
- Multitarea excesiva (hacer muchas cosas a la vez sin terminar ninguna bien)
- Revisar correos constantemente en lugar de concentrarse en una tarea importante
- Pasar tiempo organizando sin ejecutar (preparar listas interminables sin actuar)
- Procrastinar con tareas poco importantes en lugar de enfocarse en lo esencial.

3. Distracciones Sociales

- Decir "sí" a compromisos innecesarios que no suman a tu propósito
- Conversaciones triviales que no aportan valor ni crecimiento personal
- Relacionarse con personas negativas o tóxicas que desmotivan
- Sentirse obligado a cumplir expectativas sociales que no van con tus valores
- Participar en chismes o críticas destructivas

4. Distracciones Internas

- Dudas constantes sobre uno mismo y el miedo al fracaso
- Pensamientos repetitivos y preocupaciones sin acción concreta
- Perfeccionismo extremo que impide avanzar
- Falta de claridad en objetivos, lo que lleva a dispersión mental
- Dejarse llevar por emociones negativas sin gestionarlas adecuadamente

5. Distracciones Físicas y Ambientales

- Espacios desordenados que dificultan la concentración
- Ruido excesivo que interfiere con el enfoque
- Falta de planificación del día, lo que lleva a improvisación constante
- Saltarse hábitos saludables como ejercicio y descanso adecuado
- No establecer límites claros entre trabajo, descanso y ocio.

REFLEXIÓN

Como menciono, no se trata de eliminar todas las distracciones, sino de saber cuáles merecen tu atención y cuáles no. La clave está en enfocarse en lo esencial y aprender a decir "no" a lo que no suma a tus objetivos y encuadran con tu esquema de valores.

> *"El pensamiento condiciona la acción. La acción determina el comportamiento. El comportamiento repetido forma los hábitos. Los hábitos forjan el carácter. El carácter define nuestro destino."*
>
> Aristóteles.

CAPÍTULO XXXI

DE LOS HÁBITOS

LA FÓRMULA SECRETA QUE NADIE TE DIJO

La verdad incómoda: Tu vida no cambia con grandes decisiones, sino con las pequeñas cosas que repites cada día. ¿Eres el protagonista de tu historia o solo un extra que sigue el guion sin cuestionarlo? Lo creas o no, tus hábitos escriben tu destino.

¿POR QUÉ NOS ATRAPAMOS EN LOS MISMOS CICLOS?

Si cada domingo juras que "el lunes empiezo" y ese lunes nunca llega, tranquilo, no eres el único. Tu cerebro está diseñado para amar lo familiar y evitar el esfuerzo innecesario. Si cada mañana revisas el teléfono sin pensar o aplazas el gimnasio, es porque sigues el camino más fácil. Pero, ¿y si pudieras hackear tu propio sistema?

CREAR HÁBITOS SIN MORIR EN EL INTENTO

Deja de obsesionarte con las metas gigantes. La clave está en los microcambios:

La regla del 1%: Si mejoras un 1% al día, en un año serás 37 veces mejor. Matemáticas simples, resultados brutales.

1.01^n, donde n es el número de días.

Si lo haces durante un año:

$1.01\^365 \approx 37.78$

¿Qué significa en la práctica?

Supón que hoy vales 1 (como una unidad de rendimiento, habilidad o disciplina).

- Día 1: $1 \times 1.01 = 1.01$

- Día 2: $1.01 \times 1.01 = 1.0201$
- Día 3: $1.0201 \times 1.01 \approx 1.0303$
- Día 365: ≈ 37.78

Es decir, un pequeño cambio diario acumulado lleva a una mejora inmensa.

Piensa en un escritor: si escribe solo 50 palabras diarias, al final del año tendrá un libro, de esa manera o parecida fue escrito este libro.

Un pianista que practica solo 10 minutos al día, al cabo de un año dominará piezas que hoy parecen imposibles.

Hazlo tan fácil que sea ridículo fallar: ¿Quieres leer más? Lee una sola página. ¿Ejercitarte? Haz una sentadilla. Lo importante es empezar.

Un truco: deja el libro en la mesa de noche o ponte las zapatillas de ejercicio antes de pensarlo demasiado.

Recompensas invisibles: No esperes sentirte como un gurú zen después de un día meditando. El cambio es silencioso, pero imparable.

¿Te acuerdas de la primera vez que levantaste pesas? No viste resultados ese mismo día, pero semanas después notaste el cambio. Lo mismo pasa con los hábitos.

¿CÓMO MATAR LOS HÁBITOS QUE TE SABOTEAN?

Los malos hábitos son como ex tóxicos: siempre vuelven cuando menos lo esperas. La clave es hacerles la vida imposible:

Hazlo difícil: ¿Demasiadas horas en redes? Bórralas del celular o usa una app que las bloquee.

También puedes poner el teléfono en otro cuarto mientras trabajas o usarlo en escala de grises para que sea menos atractivo.

Engaña a tu cerebro: Si comes chatarra por ansiedad, reemplázala por algo sano pero igual de adictivo.

Cambia las papas fritas por frutos secos o agua con gas en vez de refrescos azucarados.

Rompe el patrón: Si fumas con el café, cambia el café por té. Desarma la asociación y el hábito perderá fuerza.

Otro ejemplo: si siempre comes viendo televisión, prueba comer sin pantallas. Verás cómo cambia tu relación con la comida.

LA FILOSOFÍA DE LOS HÁBITOS: ERES LO QUE HACES, NO LO QUE DICES
Aristóteles lo dijo hace siglos: "

Somos lo que hacemos repetidamente."

No lo que soñamos, ni lo que publicamos en redes. Lo que HACEMOS. Así que deja de esperar motivación mágica. Empieza ahora. Porque la versión de ti que sueñas está más cerca de lo que crees, solo espera que des el primer paso.

CAPÍTULO XXXII:

LA MUERTE NO NOS PERTENECE

La muerte nunca es nuestra, siempre es de alguien más.

Cuando pensamos en la muerte, la imaginamos como el gran final de nuestra historia. Pero en realidad, la muerte solo afecta a los vivos. No sufrimos nuestra propia muerte, sino la de los demás. Y cuando alguien que amamos desaparece, su ausencia pesa más que su presencia. Nos deja con el eco de su voz, con los lugares vacíos que solía ocupar, con las conversaciones inconclusas que nunca tendrán respuesta.

C.S. Lewis, en Una pena en observación, describe el dolor del duelo como una realidad que deforma el mundo. Todo lo que antes tenía sentido se vuelve ajeno, como si la muerte no solo se llevara a una persona, sino también el significado de muchas otras cosas. Es una idea brutal y hermosa a la vez: la muerte no nos toca cuando llega, sino mientras seguimos aquí. Nos enfrenta a la fragilidad de nuestra existencia y nos obliga a lidiar con el peso de la ausencia.

¿Por qué nos duele la muerte de los otros más que la nuestra?

Porque nos enfrentamos a la incertidumbre: sabemos qué pasa con los vivos, pero no con los muertos.

Porque nos obliga a redefinirnos: cuando alguien muere, algo en nosotros también cambia. Nos transformamos en los testigos de su historia, en los guardianes de su recuerdo.

Porque es un recordatorio incómodo: no somos tan eternos como nos gusta pensar. La vida sigue, pero nunca de la misma manera.

El filósofo Martin Heidegger decía que vivir auténticamente significa aceptar la muerte como parte de la existencia. Sin embargo, nos pasamos la vida huyendo de ella, disfrazándola con eufemismos o ignorándola hasta que nos golpea de frente. Cuando alguien muere, sentimos que el mundo debería detenerse, pero no lo hace. Seguimos despertando, seguimos trabajando, seguimos con nuestras rutinas mientras el vacío de esa persona nos acompaña en cada paso.

EL DUELO Y LA TRANSFORMACIÓN

El duelo no es solo tristeza, es también un proceso de reconstrucción. La muerte nos cambia, nos obliga a ver la vida de manera diferente. A veces nos vuelve más frágiles, otras veces más conscientes. Nos enseña que nada es permanente y que el amor que sentimos por los que se han ido no desaparece con ellos. Se transforma en memoria, en aprendizaje, en una nueva manera de ver el mundo.

PASOS PARA RESURGIR DEL DUELO

- Aceptar el dolor ⤳ No hay atajos en el duelo. Permitirse sentir tristeza, enojo o confusión es necesario para sanar.
- Honrar la memoria ⤳ Convertir el recuerdo en algo positivo, ya sea escribiendo, creando algo en su honor o compartiendo su historia.
- Redefinir la relación ⤳ La persona se ha ido físicamente, pero su impacto en nuestra vida no desaparece. Reconocer cómo sigue presente en nuestra forma de ser y en nuestras decisiones.
- Cuidarse a uno mismo ⤳ Comer bien, hacer ejercicio y descansar son esenciales para no quedar atrapado en el sufrimiento.
- Volver a conectar con la vida ⤳ Explorar nuevas actividades, retomar viejas pasiones o simplemente dar pequeños pasos hacia adelante.
- Buscar apoyo ⤳ No enfrentar el duelo en soledad. Amigos, familia o incluso terapia pueden ser una guía en este proceso.
- Darle un propósito al dolor ⤳ Usar la experiencia como un motor para el crecimiento personal, ayudando a otros o tomando decisiones más alineadas con lo que realmente importa.

Quizás la verdadera pregunta no sea qué ocurre cuando morimos, sino qué hacemos con la muerte mientras seguimos vivos. ¿Dejamos que nos paralice o que nos impulse a vivir con más intensidad? ¿Convertimos el recuerdo en dolor o en gratitud? Al final, la muerte no nos pertenece, pero la manera en que la enfrentamos sí.

SOBRE LA MUERTE Y SU INEVITABILIDAD

- Epicteto: "No es la muerte lo que debemos temer, sino el nunca haber comenzado a vivir."
- Séneca: "La vida es como una obra de teatro: no importa cuánto dure, sino cuán bien se haya representado."
- Epicuro: "La muerte no es nada para nosotros, porque cuando existimos, la muerte no está presente, y cuando la muerte está presente, nosotros no existimos."
- Michel de Montaigne: "Filosofar es aprender a morir."

SOBRE EL DUELO Y LA PÉRDIDA

- C.S. Lewis (Una pena en observación): "El duelo es como un lugar en el que uno no quiere quedarse, pero tampoco quiere dejar, porque al dejarlo, se siente como si se abandonara a quien se ha perdido."
- Kahlil Gibran: "Cuando estás triste, mira de nuevo en tu corazón, y verás que en verdad estás llorando por lo que fue tu deleite."
- Franz Kafka: "El significado de la vida es que termina."
- Sigmund Freud: "El duelo, aunque implica un gran sufrimiento, es un proceso necesario. La realidad dice que el objeto amado ya no existe y que es necesario retirarle toda la libido que lo investía."

SOBRE LA TRANSFORMACIÓN DESPUÉS DE LA PÉRDIDA

- Friedrich Nietzsche: "Lo que no me mata, me hace más fuerte."
- Viktor Frankl: "Cuando ya no somos capaces de cambiar una situación, nos encontramos ante el desafío de cambiarnos a nosotros mismos."
- Hermann Hesse: "Algunas veces debemos perdernos completamente para poder encontrarnos de nuevo."
- Haruki Murakami: "Cuando la tormenta pase, no recordarás cómo lograste sobrevivir. Pero una cosa es segura: cuando salgas de la tormenta, ya no serás la misma persona que entró en ella."

EL VIAJE HACIA LA FELICIDAD

Desde el inicio de nuestra travesía, hemos explorado el significado del camino, la búsqueda del sentido, la importancia de las metas y la necesidad de vivir con propósito. Nos hemos detenido a reflexionar sobre la identidad, el cambio, la incertidumbre y la autenticidad. Cada capítulo ha sido una parada en este viaje interior, un intento de desentrañar las preguntas esenciales que nos acompañan desde que somos conscientes de nuestra propia existencia. Pero ahora llegamos a una interrogante crucial: ¿Qué es la felicidad? ¿Soy feliz? ¿Cómo puedo descubrirla y cultivarla en mi vida?

Hemos aprendido que la vida no es un destino fijo, sino un constante devenir. Hemos comprendido que el sentido no está en una sola respuesta, sino en el acto de cuestionarnos continuamente. Nos hemos dado cuenta de que las metas, aunque importantes, no son el único fin, sino que es el proceso lo que nos moldea y nos transforma. Y en medio de todas estas reflexiones, surge la gran revelación: la felicidad no es algo que se alcanza en el futuro, sino algo que se descubre en el presente.

A menudo pensamos que la felicidad es una recompensa, un premio que llega después de cumplir con ciertas expectativas o de lograr ciertos objetivos. Creemos que seremos felices cuando alcancemos el éxito, cuando obtengamos reconocimiento, cuando nuestras vidas sean perfectas según los estándares externos. Pero, ¿qué sucede cuando llegamos a esas metas y la sensación de plenitud se disipa rápidamente? ¿Por qué siempre aparece una nueva condición para nuestra felicidad? Quizás hemos estado buscando en el lugar equivocado.

Este preludio es una invitación a mirar con nuevos ojos lo que significa ser feliz. No como un destino final, sino como un estado de conciencia que podemos cultivar en cada instante. No como una acumulación de logros, sino como una forma de interpretar la vida.

Adentrémonos, entonces, en el verdadero significado de la felicidad, no como un sueño distante, sino como una realidad que podemos construir aquí y ahora.

CAPÍTULO XXXIII
LA FELICIDAD COMO CAMINO, NO COMO META

Desde siempre, el ser humano ha buscado la felicidad como si fuera un destino al que se llega después de recorrer un largo camino. Nos han enseñado que la felicidad está en los logros, en los sueños cumplidos, en las metas alcanzadas. Pero, ¿y si la felicidad no fuera un punto de llegada, sino el propio trayecto?

Muchos pasan la vida postergando la felicidad, creyendo que llegará cuando obtengan un mejor trabajo, cuando tengan una relación perfecta, cuando acumulen suficiente dinero o cuando alcancen el reconocimiento de los demás. Sin embargo, al alcanzar cada una de estas cosas, la felicidad parece desvanecerse, dando paso a una nueva meta, a un nuevo "cuando". Es un ciclo interminable que nos impide disfrutar el presente.

La verdadera felicidad no es una recompensa futura, sino un estado de conciencia en el aquí y el ahora. Es aprender a encontrar belleza en lo cotidiano, en los pequeños momentos que a menudo pasamos por alto: el aroma del café en la mañana, la sonrisa de un ser querido, la sensación de la brisa en el rostro. Son instantes fugaces, pero si aprendemos a verlos con otros ojos, descubrimos que la felicidad siempre ha estado presente, esperando ser reconocida.

Los estoicos decían que la clave de la felicidad no está en lo que sucede, sino en cómo interpretamos lo que sucede. Epicteto nos recordaba: "No es lo que te ocurre, sino cómo reaccionas a ello lo que importa". La felicidad no depende de las circunstancias externas, sino de nuestra capacidad de encontrar sentido y gratitud en cada situación.

El psicólogo Mihaly Csikszentmihalyi habló del "estado de flujo", esa sensación de plenitud que experimentamos cuando estamos completamente inmersos en una actividad, cuando el tiempo parece desvanecerse y solo existe el momento presente. La felicidad se encuentra en estos estados, en el goce de hacer algo con pasión y entrega, sin estar preocupados por el resultado final.

Viktor Frankl, en su obra "El hombre en busca de sentido", planteó que la felicidad no debe ser perseguida directamente, sino que surge como consecuencia de vivir con un propósito. Cuando encontramos sentido en lo que hacemos, cuando nuestras acciones están alineadas con nuestros valores, la felicidad llega sin que la busquemos.

Pero ¿cómo sabemos si realmente somos felices? La felicidad no es un concepto absoluto ni un estado constante. Es más bien una serie de momentos en los que nos sentimos en paz con nosotros mismos y con nuestro entorno. No es ausencia de problemas, sino la capacidad de afrontarlos con una mente clara y un corazón ligero.

Entonces, la pregunta no es "¿Cómo puedo ser feliz?" sino "¿Cómo puedo vivir de una manera que me haga sentir pleno cada día?". La felicidad no es una meta a alcanzar en el futuro, sino la forma en que decidimos caminar en el presente. Y cuanto antes lo entendamos, antes podremos empezar a vivir con la ligereza y la gratitud que nos permite disfrutar verdaderamente del viaje.

REFLEXIONES PARA IDENTIFICAR LA FELICIDAD

- ¿Disfrutas el presente o estás constantemente esperando el futuro para sentirte bien?
- ¿Te sientes en paz contigo mismo, incluso cuando enfrentas desafíos?
- ¿Encuentras gratitud en las cosas simples de la vida?
- ¿Tus acciones y valores están alineados con lo que realmente te importa?
- ¿Tienes relaciones auténticas que te brindan apoyo y conexión genuina?

Si al responder estas preguntas sientes que la felicidad parece distante, no significa que esté fuera de tu alcance. La felicidad no es una receta con pasos rígidos, sino un proceso de autoconocimiento y ajuste constante. Algunas reflexiones pueden ayudarte a encontrar tu propio camino hacia ella:

REFLEXIONES PARA CULTIVAR LA FELICIDAD

- Aprende a soltar expectativas que no provienen de ti, sino de lo que la sociedad espera.
- Conecta con el presente a través de la gratitud y la apreciación de los pequeños momentos.
- Encuentra sentido en lo que haces, incluso en las tareas más simples.
- Rodéate de personas que te sumen, que te impulsen a crecer y ser auténtico.
- No esperes sentirte completo al alcanzar una meta; permítete disfrutar el proceso.

Entonces, la pregunta no es "¿Cómo puedo ser feliz?" sino "¿Cómo puedo vivir de una manera que me haga sentir pleno cada día?"

LA REVELACIÓN DEL SENTIDO

A veces, el destino nos habla en susurros; otras veces, nos sacude con una verdad tan grande que no podemos ignorarla. Este libro nació del deseo de encontrar sentido, de explorar el viaje interior y descubrir cómo cada elección moldea nuestra existencia. Desde el principio, supe que quería hablar de Dios. Sentía que debía incluirlo, pero no sabía en qué momento. Mientras escribía los capítulos, decidí que lo dejaría para el final, en el capítulo que hablaba de la felicidad. Porque Dios representa felicidad. Porque sin Él, nada tendría verdadero sentido.

Pero entonces ocurrió algo que me erizó la piel. Mientras asignaba los números a los capítulos, llegué al último y vi que era el número 33. Me quedé en silencio, sintiendo un escalofrío recorrerme. ¡Jesús tenía 33 años cuando culminó su misión en la Tierra!

No fue planeado. No fue calculado. Simplemente sucedió. Y entonces, lo comprendí: este libro, al igual que la vida misma, no podría estar completo sin Él. Porque en la búsqueda de la felicidad, en la lucha por encontrar sentido, muchas veces olvidamos la verdad más simple y poderosa: la felicidad real no se encuentra en logros, en reflexiones profundas o en el reconocimiento de otros. Se encuentra en Dios.

Jesús no solo vivió 33 años; murió y resucitó para mostrarnos el camino hacia una vida plena. Su sacrificio nos enseña que el verdadero sentido no está en el temor a perder, sino en la entrega, en el amor y en la certeza de que nunca estamos solos. Si Él dio su vida por nosotros, es porque sabía que en su ejemplo encontraríamos nuestra propia razón de ser.

Este capítulo no solo es el final de un libro; es el principio de algo más grande. Así como Jesús resucitó, este mensaje también debe renacer en cada persona que lo lea.

Si estás aquí, si llegaste hasta estas palabras, es porque Dios tenía algo para ti en este viaje. Porque sin Él, ningún descubrimiento, ningún logro y ninguna filosofía tienen sentido. Al final del camino, cuando todas las preguntas hayan sido hechas y todas las respuestas buscadas, solo quedará una verdad: Dios es felicidad. Y en Él encontramos la paz que tanto anhelamos.

No fue casualidad que este libro terminara en el capítulo 33. No fue azar. Fue una señal, una invitación a recordar que la vida tiene un Propósito mayor. Que nuestro viaje no termina aquí, sino que esto apenas comienza.

POEMAS, PROSA POETICA,

ECOS DEL ALMA

Creo en Dios y en el universo,
en la luz que brilla en lo incierto.
Creo que el alma, si sueña y espera,
a veces recibe... a veces, se queda.

Creo en el destino y en sus caminos,
pero soy yo quien juega el destino.
Las cartas pueden estar escritas,
pero la jugada sigue siendo mía.

Creo en la amistad sincera,
aunque la confianza a veces hiera.
Un amigo puede ser un hogar,
aunque la familia siempre estará.

Creo en la lucha, en el esfuerzo,
aunque a veces no alcance el tiempo.
El fruto no siempre llega temprano,
pero el esfuerzo nunca es en vano.

Creo en la sombra de la tristeza,
pero también en la fortaleza.
La salida no está en el abismo,
sino en la fuerza de uno mismo.

Creo en las malas y buenas rachas,
en la vida que fluye sin mapas.
Buscamos metas que no existen,
cuando el camino es lo que persiste.

Creo en la luna que en noches brilla,
en soles y estrellas lejanas, divinas.
Aunque nunca los pueda tocar,
su luz me enseña a soñar.

Dormimos ansiando un nuevo día,
y al despertar queremos la noche fría.
Vivimos contando los años que vienen,
pero no vemos los que se pierden.

Nos aferramos al final del cuento,
cuando lo valioso es el argumento.
El cambio es ley, es la verdad,
quien no se mueve, deja de estar.

Creo en los padres que luchan sin tregua,
en madres que aman y que nunca niegan.
Creo que un hijo con amor y fe,
aunque uno le falte, sabrá crecer.

En cada relación, en cada mirada,
tolerar de más nos vuelve nada.
Es fácil mirar con ojos de lejos,
pero al acercarse, ves los reflejos.

La soledad no es estar sin nadie,
sino perderse dentro de uno mismo.
Si sueñas y en tu cama despiertas feliz,
es que elegiste el lugar correcto al vivir.

La vida es tiempo y el tiempo se va,
ni oro ni hambre lo pueden comprar.
No seas más, pero tampoco menos,
cree en ti, en tu rumbo, en tu vuelo.

El mundo suele honrar lo vacío,
ignorar lo noble, temer al sencillo.
Pero tú eres quien marca el camino,
tú eres el creador de tu propio destino.

BENDITA MADUREZ PROSA POÉTICA

Bendita madurez... ¿Quién te invitó a la fiesta y por qué llegas tan tarde? ¿Por qué llegas cuando ya he vivido tanto?

Qué cara eres, que solo te puedes comprar con el tiempo, un lujo que nadie puede acelerar. Llegas cuando las prisas ya no importan tanto, cuando el ruido de la juventud empieza a desvanecerse. No es que el tiempo te haga sabio, pero te enseña a escuchar más y a hablar menos.

Madurez, esa compañera difícil y compleja, nos roba el tiempo para fijarnos en los detalles más pequeños, pero nos regala la claridad de ver lo esencial. Nos enseña que no todas las puertas se abren y que, a veces, es mejor dejarlas cerradas. No siempre necesitamos más, sino aprender a disfrutar de lo que ya está en nuestras manos.

Cuando somos jóvenes, la vida es un torbellino de emociones y decisiones impulsivas. Nos ponemos las medias por debajo del tobillo, listos para salir corriendo a cualquier aventura, llevados por el momento, sin pensar en el mañana. Porque, en nuestra juventud, el mañana parece tan lejano.

Pero la madurez nos muestra que la vida no se trata de acumular, sino de depurar. No se trata de ser el primero en llegar, sino de disfrutar del viaje, aunque sea a un ritmo más lento. Nos enseña que no todas las batallas merecen ser peleadas y que, a veces, la mejor victoria es la paz interior.

Los jóvenes corren tras lo que brilla, mientras los adultos aprenden a disfrutar de la luz que ya tienen. Madurar no es volverse serio o aburrido; es aprender a reírse de lo que antes te preocupaba. Es entender que no necesitas ser perfecto, solo auténtico. Es aprender a disfrutar de la soledad sin sentirte solo.

La madurez no es solo cumplir años, es entender que no todas las peleas valen la pena, y que, a veces, el mejor movimiento es quedarse quieto. Es aprender a elegir tus batallas y saber que no siempre tienes que tener la razón. Es encontrar en la simplicidad la verdadera riqueza de la vida.

Al final, la madurez no es una meta, es un viaje. Es aprender a vivir con lo que eres, no con lo que otros quieren que seas. Y ahí, es donde encuentras la verdadera paz.

Bendita madurez, eres como el vino que mejora con los años, pero solo si has aprendido a disfrutarlo. No llegas de repente, sino que te filtras en la vida, un poco aquí, un poco allá, hasta que un día te despiertas y te das cuenta de que algo ha cambiado.

De jóvenes, soñamos con cambiar el mundo; de adultos, aprendemos a cambiarnos a nosotros mismos. Porque al final, la verdadera revolución no está afuera, sino dentro. Y en ese viaje, bendita sea la madurez, que nos acompaña como una vieja amiga, siempre lista para recordarnos lo que realmente importa.

AVIVADOS POR EL FUEGO

Ese momento donde te entregas,
donde las fragancias se encuentran y la piel habla en susurros,
donde el aire se espesa de deseo y todo lo ajeno se diluye,
donde el tiempo deja de avanzar,
o quizás, donde por fin comienza a tener sentido.

Energía que danza entre las sombras y la luz,
que estremece, que se desliza como un río tibio entre las venas,
que llena los vacíos y derrumba los muros
con la simpleza de un roce.

Es el instante en que el cuerpo deja de ser solo materia
y se convierte en un lenguaje sin palabras,
en una constelación de pulsos,
en un temblor contenido en la boca del estómago.

Los latidos marcan un ritmo distinto,
una melodía antigua que no conoce de nombres ni de etiquetas,
porque ahí, en ese instante,
no existen estratos ni linajes,
no hay distancias ni fronteras.
Solo piel.
Solo aliento.
Solo vida y dos corazones
vibrando en un mismo compás.

Y entonces se revela la verdad,
como un secreto que el alma siempre supo:
las cadenas impuestas al nacer,
los moldes de un mundo cuadrado y juicioso,
las normas tatuadas en la mente,
todo se desmorona,

todo se disuelve
cuando la esencia se impone sobre la forma.

Porque en ese abrazo, en esa entrega sin medida,
se desprograma el miedo,
se reinventa la libertad.
Porque aquí, en este lecho donde todo se reduce al ahora,
no hay pasado que nos defina,
ni futuro que nos condene.

Solo queda el presente,
desnudo y puro,
ardiendo entre la piel y el alma,
como un instante infinito
del que no queremos escapar.

EPÍLOGO:

EL VIAJE CONTINÚA

Si has llegado hasta aquí, es porque, de alguna forma, sentiste la necesidad de hacer una pausa y mirar más allá de lo obvio. Porque en algún punto del camino, te diste cuenta de que la vida no es solo una serie de metas a alcanzar, sino una travesía en la que cada paso cuenta.

A lo largo de estas páginas, exploramos la identidad, el miedo, las decisiones, la necesidad de aprobación, la incertidumbre y el peso de nuestras creencias. Hablamos del éxito, del fracaso y de las preguntas que muchas veces evitamos. Y si algo queda claro, es que no hay respuestas definitivas, solo caminos por recorrer.

El sentido de la vida no es algo que se encuentra, es algo que se construye. No hay un destino final donde todo cobre sentido de golpe, pero sí momentos, personas y aprendizajes que van dándole forma a nuestra historia.

No importa en qué etapa del camino estés ahora. Lo único que realmente importa es que elijas vivir de verdad. Que sueltes lo que te pesa, que te cuestiones cuando sea necesario y que nunca dejes de avanzar.

Porque al final, la mayor pérdida no es fracasar ni equivocarse, sino llegar al último día con la sensación de no haber vivido como realmente querías.

Así que sigue adelante. Explora, cae, aprende, reinvéntate. Que tu viaje tenga sentido, porque lo estás viviendo en tus propios términos.

Pensar, reflexionar, cuestionarse... todo eso es importante. Pero de nada sirve si no hacemos algo con ello. ¿Cuántas veces hemos leído frases inspiradoras o tenido conversaciones profundas sobre la vida y, sin embargo, seguimos atrapados en la misma rutina?

El verdadero cambio ocurre cuando pasamos de la introspección a la acción. No basta con entender qué queremos en la vida, debemos dar el primer paso. No basta con darnos cuenta de lo que nos limita, debemos romper esas cadenas.

Vivir con intención no significa tener todas las respuestas, ni seguir un camino perfecto. Significa hacer elecciones conscientes, actuar alineados con lo que realmente nos importa y no dejar que la vida pase en automático.

PREGÚNTATE:

- ¿Estoy viviendo como realmente quiero o como se espera que viva?
- ¿Qué es lo que más valoro y cómo lo reflejo en mi día a día?
- ¿Qué decisión llevo tiempo postergando por miedo o comodidad?

La clave no está en hacer cambios drásticos de la noche a la mañana, sino en empezar con lo que tengas, donde estés, con lo que puedas hacer hoy. Porque el sentido de la vida no se encuentra sentado esperando, se construye en cada acción que tomamos.

Reto para el lector: Antes de cerrar este libro, decide una acción por pequeña que sea que vas a hacer hoy para acercarte a la vida que realmente quieres. Y hazlo. No mañana. Hoy.

"Vinimos al mundo para compartir culturas, expandir el conocimiento y amar sin fronteras, porque en la conexión con los demás encontramos el verdadero sentido de la vida."

FRAN RODRÍGUEZ

EL VIAJE CONTINÚA

A lo largo de estas páginas hemos explorado preguntas que todos nos hacemos en algún momento: ¿Quién soy? ¿Hacia dónde voy? ¿Cuál es el sentido de todo esto? Y aunque no existen respuestas definitivas, sí hay algo claro: la vida no es una meta, sino un camino en constante evolución.

No vinimos a este mundo solo para cumplir expectativas ajenas, para acumular éxitos que no nos llenan o para vivir con miedo al qué dirán. Vinimos para aprender, compartir, amar y crecer. Para equivocarnos y reinventarnos, para sentir cada momento con intensidad y entender que no hay un solo camino correcto, sino el que cada uno elige recorrer.

Pero ahora la pregunta es para ti:

- ¿Seguirás esperando el momento perfecto o empezarás a vivir hoy?
- ¿Vas a dejar que el miedo decida por ti o tomarás el control de tu historia?
- ¿Serás espectador de tu vida o protagonista de tu propio viaje?
- Porque la verdad es que el viaje nunca termina. Cada día nos enfrenta a nuevas decisiones, a cambios inesperados, a oportunidades disfrazadas de incertidumbre. Pero eso es lo que lo hace valioso. No se trata de llegar, sino de caminar con intención.
- Así que sigue adelante. Explora, cae, aprende, ríe, ama y transforma cada día en una parte de la historia que realmente quieras contar. Porque, al final, lo único que nos llevamos no son los títulos, las posesiones o el reconocimiento. Nos llevamos lo vivido.

Y si algo espero de este libro, es que te haya recordado algo simple pero esencial: tú tienes el poder de darle sentido a tu vida.

El viaje continúa... ¿cómo elegirás recorrerlo?

BIOGRAFÍA

Francisco Rodríguez es un buscador del sentido en medio del caos, del dolor y de la belleza de lo cotidiano.

Preparador físico, mental coach y entrenador de fútbol, ha vivido y trabajado en Venezuela, Panamá, Chile, Ecuador y Estados Unidos, acompañando a atletas en su desarrollo físico, emocional y espiritual.

Su trayectoria lo ha llevado a conectar con jugadores de distintas culturas y realidades, descubriendo que, más allá del talento, lo que realmente transforma una vida es el sentido que la sostiene.

Donde habita el sentido es su primer libro: una obra escrita desde la herida, la esperanza y la certeza de que vale la pena seguir caminando, incluso cuando no todo se entiende.

CONTENIDO

www.ingramcontent.com/pod-product-compliance
Lightning Source LLC
Chambersburg PA
CBHW021152130626
46554CB00005B/1779